Theo Sorg / Peter Stuhlmacher
Das Wort vom Kreuz

ctb calwer taschenbibliothek 52

Theo Sorg / Peter Stuhlmacher

Das Wort vom Kreuz

Zur Predigt am Karfreitag

Calwer Verlag Stuttgart

Die Deutsche Bibliothek – CIP-Einheitsaufnahme

Das **Wort vom Kreuz**: zur Predigt am Karfreitag /
Theo Sorg / Peter Stuhlmacher. –
Stuttgart: Calwer Verl., 1996
  (Calwer Taschenbibliothek; 52)
  ISBN 3–7668–3405–3
NE: Sorg, Theo; Stuhlmacher, Peter; GT

ISBN 3–7668–3405–3

2. Auflage 1997
© 1996 by Calwer Verlag Stuttgart
Alle Rechte vorbehalten. Wiedergabe, auch auszugsweise,
nur mit Genehmigung des Verlags.
Die Predigttexte sind nach der Revidierten
Lutherübersetzung von 1984 zitiert.
Satz: Karin Klopfer, Calwer Verlag
Umschlagbild: Aquarell »Schädelstätte«
von Roland Peter Litzenburger, © Gretel Kunze.
Umschlaggestaltung: ES Typo-Graphik, Stuttgart
Druck und Verarbeitung: Clausen & Bosse, Leck

Inhalt

Einführung

Das Wort vom Kreuz

Wer die heutige kirchliche Landschaft auch nur einigermaßen kennt und mit Theologen und Theologinnen im Gespräch ist, der weiß, daß es nicht wenige Pfarrer und Pfarrerinnen gibt, die sich mit der ihnen aufgetragenen Verkündigungsaufgabe in der Karwoche, insbesondere am Karfreitag, schwertun. Das ist zunächst einmal in der zeitlichen Dichte der Verkündigungsanlässe begründet, die dazu zwingt, in kürzester Frist eine Reihe von Gottesdiensten, Abendmahlsfeiern und Passionsandachten vorzubereiten. Sie bringt in aller Regel den Prediger in eine starke zeitliche Bedrängnis, die einer ruhigen und sachgerechten Arbeit an den Texten nicht den nötigen Raum läßt.

Der tiefere Grund für die Schwierigkeit, dem »Wort vom Kreuz« (1. Korinther 1,18) angemessenen Ausdruck für die heutige Zeit zu geben, ist aber wohl darin zu sehen, daß in den letzten Jahrzehnten eine zunehmende theologische Verunsicherung im Blick auf die Inhalte des Passionsgeschehens und dessen historische und theologische Relevanz um sich gegriffen hat. Sie macht sich vor allem an dem Vokabular fest, das die biblischen Passionstexte und die Briefliteratur des Neuen Testaments für die Deutung des Geschehens am Kreuz verwenden. Was bedeuten für den modernen Menschen alte rituelle Vorstellungen wie Blutopfer, Sühnemal, Lösegeld, Existenzstellvertretung, kurz: die gesamte Opferterminologie der alt- und neutestamentlichen Schriften? Und was soll das für ein grausamer und rachsüchtiger Gott sein, der nur zu versöhnen ist, wenn er Blut fließen sieht? Der Mensch von heute, der ganz von dem Gedanken der Mündigkeit seiner Person beherrscht ist und den man nicht auf seine Sündigkeit vor Gott ansprechen darf, fängt mit diesen alten Begriffen nichts mehr an. Sie finden keinen Haftpunkt in seiner tagtäglichen Realität.

Hinzu kommt ein Weiteres: Es ist unverkennbar, daß in der jüngsten Zeit weite Teile der Theologie immer stärker von der Psychologie und anderen Humanwissenschaften fasziniert sind. Von dort her gewinnen innermenschliche Fragestellungen, die überwiegend an der Selbsterfahrung und an menschlichen Gefühlen und Empfindungen orientiert sind, zunehmend die Oberhand. Wo bleibt da noch Raum für ein Geschehen, das nicht im Sichtbaren und Erfahrbaren allein unterzubringen ist, das uns vielmehr ganz andere, sehr viel weitere und tiefere Dimensionen erschließt? Der rasante Abbruch jahrhundertealter kirchlicher Traditionen in unserer Zeit hat ein übriges dazu getan, die biblische Sprach- und Begriffswelt mehr und mehr aus dem Bewußtsein wie aus dem Sprachgebrauch des heutigen Menschen verschwinden zu lassen. Man verbindet mit ihr keine lebendigen Vorstellungen mehr und keine für die heutige Zeit relevanten Vorgänge.

Und schließlich: In der Kirche, an ihren Rändern und jenseits ihrer Grenzen, vermehren sich die Einflüsse charismatischer, z. T. auch neupfingstlerischer Kreise. Eine neue Art von Enthusiasmus macht sich breit. In solchen Kreisen, die bis in die Pfarrerschaft hineinreichen, wird stark auf die »Geisterfahrung« abgehoben. Es ist dort viel die Rede vom Wirken des Heiligen Geistes und seinen besonderen Gaben, von Geisterfüllung, von »umwerfenden« Wirkungen des Geistes, von Heilung und vom Sieg. Diese Strömungen rücken zunehmend in die Nähe einer »theologia gloriae« und damit weg von der »theologia crucis«, die in den Passionstexten des Neuen Testaments, vor allem aber bei Paulus eine beherrschende Rolle spielt. Das Kreuz Jesu wird in den einschlägigen Äußerungen jener Richtung eher marginal erkennbar. Im Vordergrund steht bei ihnen das Pfingstgeschehen und der mächtig und sieghaft wirkende Geist. Es liegt auf der Hand, daß in dieser Verschiebung der Akzente eine weitere Erschwerung liegt, sich theologisch mit dem Geschehen des Karfreitags, mit dem Sterben Jesu am Kreuz, mit der Verkündigung des Kreuzes und mit dem Kreuzweg seiner Gemeinde zu befassen.

Diese Beobachtungen und die erklärte Absicht, den gegenwärtigen Tendenzen – soweit das möglich ist – entgegenzuwirken, waren der Anlaß, die hier vorliegende Veröffentlichung in Angriff zu nehmen. Sie erhebt nicht den Anspruch, eine Lösung der in sich sehr vielfältigen Probleme, die mit der Predigt von Passionstexten verbunden sind, anzubieten. Aber sie möchte in der heutigen Diskussionslage ein Zwischenruf sein, der ermutigen will, sich immer neu auf das Gespräch mit den biblischen Passionstexten einzulassen, und der an konkreten Beispielen aufzeigen soll, wie eine Verkündigung der Passion Jesu heute aussehen kann.

Peter Stuhlmacher hat als Neutestamentler an der Universität Tübingen neben seiner wissenschaftlichen Tätigkeit Jahre hindurch das Amt eines »Frühpredigers« an der Tübinger Stiftskirche wahrgenommen. Er hat sich im folgenden Beitrag der Aufgabe gestellt, die einschlägigen neutestamentlichen Texte, ihre Verwurzelung im Alten Testament und ihr religiös-kultisches Umfeld zu erhellen, Deutungsmuster der ihnen zugrunde liegenden Tatbestände vorzustellen und zu diskutieren und die Leser und Leserinnen an den Punkt zu führen, wo der Übergang vom Text zur Predigt geschehen soll.

Die von Theo Sorg vorgelegten Karfreitagspredigten, allermeist in der Stuttgarter Stiftskirche gehalten, wo er zwei Jahrzehnte lang in verschiedenen Ämtern als Prediger tätig war, umfassen alle sechs Predigttexte für den Karfreitag nach der Perikopenordnung der Evangelischen Kirche in Deutschland. Eine weitere Predigt mit freiem Text ist beigefügt. Sie treten nicht mit dem Anspruch auf, »Musterpredigten« zu sein, die man einfach kopieren könnte. Dazu ist das Zeitkolorit der Predigten, das bewußt belassen wurde, zu eindeutig. Aber sie könnten vielleicht Wege zeigen, wie man »das Wort vom Kreuz« so übersetzen und der Gemeinde predigen kann, daß es zu einer Anrede und Einladung an den Menschen von heute wird. Die Predigten bemühen sich, die grundlegenden Erkenntnisse einer »Biblischen Theologie«, wie sie in Tübingen und anderswo heute vertreten wird, homiletisch auszuwerten und zu konkretisieren. So kann die wissenschaftliche Theologie der kirchlichen Verkündigung dienen, und die Predigt der Kirche ist gut beraten, wenn sie diesen Dienst dankbar annimmt.

Peter Stuhlmacher

Zur Predigt am Karfreitag[1]

Ihr sollt einer mit dem andern reden:
»Was antwortet der Herr?« und:
»Was sagt der Herr?« (Jeremia 23,35)

I

Nach der seit 1978 gültigen Perikopenordnung der EKD ist an Karfreitag durch sechs Jahrgänge hindurch zu predigen über Joh 19,16–30; 2. Kor 5,(14b–18)19–21; Lk 23,33–49; Hebr 9,15. 26b–28; Mt 27,33–51(52–54) und Jes (52,13–15); 53,1–12. Eine Karfreitagspredigt vorzubereiten, ist eine sehr schöne, aber auch höchst anspruchsvolle Aufgabe. Bei der Vorbereitung, beim Vortrag und bei der Rezeption dieser Predigt bestätigt sich immer aufs neue, daß das Wort vom Kreuz denen, die verloren gehen, eine Torheit, denen aber, die gerettet werden, eine Macht Gottes ist (1. Kor 1,18). Bei der Botschaft von Jesu stellvertretendem Kreuzestod und seiner Auferweckung am dritten Tage geht es um das Herzstück des Evangeliums. Aber um dieses Herzstück geistig zu durchdringen, in sich aufzunehmen und einleuchtend weiterzuverkündigen, muß man alle intellektuelle und geistliche Kraft aufwenden, die Gott schenkt. Oder noch unmißverständlicher ausgedrückt: Ohne den Beistand des Heiligen Geistes, erhebliche exegetische Anstrengung und intensive Meditation ist es nicht möglich, dem Zeugniswort der genannten Perikopentexte auf den Grund zu gehen und es neu in die Gegenwart hineinzusprechen. Gerade an Karfreitag bestätigt sich deshalb für alle Prediger und Predigerinnen und ihre Gemeinden Luthers Erklärung des 3. Glaubensartikels aus dem Kleinen Katechismus:

»Ich gläube, daß ich nicht aus eigener Vernunft noch Kraft an Jesum Christ, meinen Herrn, gläuben oder zu ihm kommen kann, sondern der heilige Geist hat mich durchs Evangelion berufen, mit seinen Gaben erleuchtet, im rechten Glauben geheiliget und erhalten ...«.[2]

Dies ist schon uranfängliche christliche Erfahrung: Während Paulus als Verfolger der christlichen Gemeinde in Jesus einen pseudo-messianischen Verführer gesehen hat, der aus Israel ausgetilgt werden mußte und am Kreuz unter dem Fluch Gottes geendet hatte (vgl. 5. Mose 21,23), hat ihm die Erscheinung des erhöhten Christus vor Damaskus die Augen dafür geöffnet, daß es sich bei dem angeblichen Verführer um den »Herrn der Herrlichkeit« (1. Kor 2,8) handelte und daß er den Fluchtod am Kreuz unschuldig und stellvertretend für alle Sünder erlitten hat. In 1. Kor 2,1–16 erhebt Paulus die Einsicht aus seiner Damaskuserfahrung zum hermeneutischen Grundmaßstab für alle christliche Erkenntnis des Evangeliums: sie ist nur aus der Begabung mit dem Heiligen Geist heraus möglich, der »die Tiefen Gottes« ergründen hilft.[3] Diese hermeneutische Grunderfahrung ist ungewohnt und bis zur Stunde sogar für Christen anstößig.

II

Dieser Anstoß macht aber nur einen Teil der Schwierigkeiten aus, vor die Prediger und Predigerinnen bei der Aufgabe der Interpretation der biblischen Kreuzesbotschaft gestellt sind. Es ist zwar nicht ratsam, die Probleme der Karfreitagspredigt über Gebühr hochzustilisieren, weil bei anderen Texten ganz analoge Auslegungsfragen auftauchen, aber es trägt zur Klärung bei, wenn man sich über die wichtigsten Interpretationsprobleme verständigt, vor die die Karfreitagstexte stellen.

Wer das biblische Evangelium vom Sterben Jesu »für unsere Sünden« (1. Kor 15,3) verstehen will, steht alsbald an den Grenzen seiner unmittelbaren Erfahrungsmöglichkeiten. Selbst in noch ganz mit und in der Bibel lebenden Gemeinden oder für christliche Kommunitäten gibt es keinen unmittelbaren Zugang mehr zum Verständnis der antiken Kreuzigungsstrafe und der Deutungsmuster, die im Neuen Testament auf das Kreuz Jesu angewandt werden. Man kann sich die Kreuzestexte deshalb heute nur noch mittelbar erschließen und tut dies um der uns in der Geschichte vorgegebenen Wahrheit der Texte willen am besten mit Hilfe historischer Reflexion. Dabei muß man sich genaue geschichtliche Kenntnisse erwerben, wenn die Texte nicht stumm bleiben sollen. Das ist ungewohnt, mühsam und zeitraubend.

Außerdem muß man bereit sein, die biblischen Texte wirklich das sagen zu lassen, was sie sagen wollen. Solche Bereitschaft erfordert ein hohes Maß an selbstkritischer Zucht und kritischer Überlegung. Man muß sich nämlich vor Augen halten, daß die westliche Auslegungstradition, in der die meisten gegenwärtig Dienst tuenden Pfarrer und Pfarrerinnen stehen, sie in ganz bestimmter Weise mit den Kreuzestexten verbindet, aber auch von ihnen trennt. Die reformatorischen Kirchen haben zum »Wort vom Kreuz« durch ihre Kreuzestheologie, ihre Frömmigkeitsgeschichte, durch Kunst und musikalische Tradition[4] ein ganz besonderes Verhältnis. Man muß sich aber auch klarmachen, daß sie von daher mit angestammten Interpretationsmustern für Jesu Passion leben, die das Verständnis der Kreuzesbotschaft nicht nur erleichtern, sondern auch erschweren, und zwar schon seit geraumer Zeit. Die beiden besten Beispiele für solche Erschwernis sind die Satisfaktionstheorie (Genugtuungstheorie) und die Nachwirkungen des Widerstandes der Reformatoren gegen die katholische Lehre vom Meßopfer.[5]

Die durch Anselm von Canterbury (1033–1109) in seiner Schrift »Cur deus homo« (= »Warum Gott Mensch wurde«) begründete Genugtuungstheorie bildet bis in die lutherischen Bekenntnisschriften (und von da aus auch in die evangelische Frömmigkeitstradition) hinein eines der wichtigsten westlichen Verstehensmuster für die Notwendigkeit und den Heilssinn von Jesu Passion. Grob vereinfacht geht es dabei um folgende Rechtsanschauung: Der durch die Sünde der Menschen in seiner heiligen Ehre und Heilsabsicht verletzte Gott erfährt erst durch den Opfergang des ihm ebenbürtigen sündlosen Gottessohnes die ihm gebührende Genugtuung (satisfactio), aufgrund derer er zu seinem von Uranfang an gehegten Heilsratschluß zurückkehren und fortfahren kann, die Welt durch Christus zum Heil zu führen. Von diesem Hintergrund her heißt es z. B. in Artikel 3 des Augsburger Bekenntnisses, daß Christus »ein Opfer wäre nicht allein fur die Erbsund, sunder auch fur alle andere Sunde und Gottes Zorn versohnet«[6], und in Artikel 20: »daß uns um Christus willen die Sunde vergeben werden, welcher allein der Mittler ist, den Vater zu versuhnen.«[7] Schon diese zwei Beispiele zeigen, daß die Satisfaktionslehre dazu verleitet, beim blutigen Tod Jesu am Kreuz an die Beschwichtigung des Zornes Gottes durch das Opfer des Gottessohnes zu denken, und dieser Gedanke provoziert fast von selbst die Frage, was denn das für ein Gott sei, der erst dann seinen Geschöpfen vergeben kann und will, wenn sein eigener Sohn vor seinen Augen den Foltertod gestorben ist.

Das satisfaktorische Auslegungsmodell hat denn auch seit dem 16. Jahrhundert die leidenschaftliche Kritik der theologischen Aufklärung provoziert. Sie wird angeführt von Fausto Sozzini (1539–1604) und ist über Schleiermacher bis in die Gegenwart hinein ungebrochen wirksam. Das in der Satisfaktionslehre vorausgesetzte Gottes- und Christusbild erscheint den theologisch Aufgeklärten religiös und ethisch gleich unzumutbar. Sie weigern sich, modern formuliert, in Gott einen Sadisten zu sehen, der erst das Blut seines Sohnes sehen will, ehe er von seinem Zorn abläßt, und in Jesus einen Masochisten, der sich diesem grausamen Ansinnen seines himmlischen Vaters gehorsam unterwirft. Gott ist für sie statt dessen die grund- und grenzenlos vergebende Liebe (vgl. 1. Joh 4,8.16), und das Große an Jesus besteht nach ihrer Sicht vor allem in seinem religiös vorbildlichen Leben und seiner Lehre. Auch die Passion wird von den Aufgeklärten vor allem ethisch gedeutet: Jesu Lehre und Person haben die Widerstände der Welt geweckt, und obwohl sie Jesus schließlich zu Fall brachten, ist er doch seiner Sache treu geblieben, und Gott hat ihn von den Toten auferweckt. Zeichen dessen ist, daß Jesu gute Sache weitergeht und seine Lehre weiterträgt. Er bleibt der »Anfänger und Vollender des Glaubens« (Hebr 12,2), aber die Rede vom stellvertretenden Opfertod Jesu am Kreuz ist für die Vertreter dieses Interpretationsmodells ein fragwürdiges Relikt aus vorkritischen Zeiten, das aufzugeben ist. Jörg Dieter Reuß will z. B. in seiner Abhandlung »Jesus und der Sühnegedanke – Überlegungen zur heutigen Problematik der Kreuzestheologie« die Unvereinbarkeit des Gottesbildes Jesu und des Sühnopfergedankens erweisen und zeigen, daß der hinter den (synoptischen) Evangelien stehende historische Jesus »das Sühnopferdenken mit wachsender Radikalität abgelehnt und schließlich unter Einsatz seines Lebens öffentlich bekämpft hat.«[8] Als Beleg verweist er auf die Tempelreinigung. Statt die Evangelien weiterhin mit Martin Kähler als »Passionsgeschichten mit ausführlicher Einleitung« zu verstehen, möchte Reuß in ihnen »Aktionsgeschichten mit ausführlichem Schluß«[9] sehen, weil sie Jesus in Aktion zeigen und berichten, »wie ihn eben diese Aktion in die Passion führt (so schon Mark. 3,6!) – und wie Gott seine Niederlage am Kreuz durch seine Auferweckung in einen Sieg verwandelt.«[10] Reuß erhofft sich für Theologie und Kirche der Zukunft (endlich) auch einen den Erlösungsglauben betreffenden Lernprozeß: »Wenn wir unserem Auftrag als Kirche im 21. Jahrhundert nicht selbst im Wege stehen wollen, werden wir lernen müssen, die Erlösung durch Jesus Christus so zu verkündigen, daß wir uns und unseren Hörern dabei nicht die Rückkehr zu einem veralteten Welt- und Gottesbild abverlangen. Eine ›Frohe Botschaft‹, die auch gutwillige, aufgeschlossene Leute eher bedrückt als befreit, ist eben keine.«[11]

Die aufgeklärte Kritik am opfertheologischen Verständnis des Kreuzestodes Jesu ist seit dem 17. Jahrhundert durch den Widerstand gegen die katholische Lehre vom Meßopfer verstärkt worden. Die Reformatoren haben die Vorstellung bekämpft, im Verlaufe der Meßfeier werde das Opfer Jesu auf Golgatha durch priesterliches Handeln erneuert. Mittlerweile hat die katholische Theologie klargestellt, daß es darum in der Tat nicht gehen kann und darf,[12] aber die Aversion gegen den (Meß-)Opfergedanken wirkt trotzdem noch immer unterschwellig weiter. Bis in neueste exegetische Veröffentlichungen hinein ist nämlich das Bemühen spürbar, die ältesten neutestamentlichen Passions- und Kreuzestexte mitsamt der Überlieferung vom Herrenmahl deshalb von einer opfertheologischen Interpretation möglichst freizuhalten, weil man so die katholische Meßopfertheorie leichter als biblisch unbegründete Traditionsentwicklung erweisen zu können meint.[13]

Von Rudolf Bohren[14] und Friedrich Mildenberger[15] wird als Hauptmodell für die Passionspredigt das Nacherzählen der biblischen Leidensgeschichte empfohlen. Bohren verweist dabei auf einen Satz von Walther Lüthi: »Das Beste, was man vor allem an den hohen Festtagen von den Kanzeln hören kann, ist immer noch das schlichte Nacherzählen dessen, was sich an diesem Tag vom Himmel her ereignet hat.«[16] Für den Fall, daß sich Prediger und Predigerinnen an diesen einfach klingenden homiletischen Rat halten wollen, ist noch eine Schwierigkeit anzusprechen, der besonders die akademisch ausgebildete Theologenschaft gegenübersteht. Sie ist jahrzehntelang durch die kritische Exegese fast immer nur skeptisch-distanziert über die Evangelien, die Passionserzählungen und die christologischen Opfer- und Sühnetexte belehrt worden. Nach Ansicht der kritischen Forschung, wie sie beispielhaft in dem bekannten und auf seine Weise schönen Buch von Günther Bornkamm »Jesus von Nazareth« (1956) und in dem von Hans Conzelmann und Andreas Lindemann 1975 verfaßten und in immer neuen Überarbeitungen erscheinenden »Arbeitsbuch zum Neuen Testament« zusammengefaßt wird,[17] kann man über Jesu eigenes Sendungs- und Todesverständnis keine genauen Aussagen mehr machen; alle christologischen Titel sind erst nachösterlichen Ursprungs; bei den Passionsgeschichten handelt es sich nur um kerygmatische Geschichtsdarstellungen ohne wirklich verläßlichen historischen Aussagewert, und die christologischen Sühne- und Opfertexte sind nur Ausdruck des urchristlichen Gemeindeglaubens. Die messianisch-christologische Auslegung von Jes 52,13–53,12 schließlich hat nach Auskunft prominenter Alt- und Neutestamentler keine direkten Wurzeln im Frühjudentum und kann auch nur ganz hypothetisch mit Jesus selbst in Verbindung gebracht werden.[18] Bei solchem Wissensstand kann man sich in Passionsandachten und auf der Kanzel nur mit lauter Vorbehalten an die Nacherzählung der Karfreitagstexte wagen und wird lieber auf allgemeine Reflexionen und Meditationen über Jesu Tod ausweichen.

III

Das Problem ist nur, daß der eben skizzierte Wissensstand ganz einseitig und weithin überholt ist, ohne daß dies bisher wirklich wahrgenommen (und angenommen) würde!

So klar alle vier neutestamentlichen Passionsberichte nachösterliche Zeugnistexte sind und so behutsam man mit ihren verschiedenen Aussageebenen umgehen sollte (s. u.), so verfehlt ist die Annahme, daß an ihnen historisch alles zweifelhaft sei bis auf die zweifache Nachricht vom Zug Jesu nach Jerusalem und seiner Kreuzigung durch die Römer.[19]

Schon die minutiösen Untersuchungen von Josef Blinzler[20] zum Prozeß Jesu hätten Anlaß geben müssen, dieses kritizistische Pauschalurteil zu revidieren; August Strobels Untersuchungen zum jüdischen und römischen Strafverfahren gegen Jesus[21] machen es vollends unmöglich: Der gegen Jesus von den jüdischen Oberen erhobene Vorwurf war aller Wahrscheinlichkeit nach genau der, den die urchristliche Literatur von Mt 27,63–64 über Joh 7,12.47 bis hin zu Justins Dialog mit dem Juden Tryphon (Kap. 69,7) festgehalten hat. Sie haben in Jesus einen Falschpropheten und pseudomessianischen ›Volksverführer‹ gesehen, den man gemäß 5. Mose 13,2–12; 17,12; 18,20 (vgl. auch 11QTempel 54,8–18; 56,8–11; 61,2–5) aus Israels Mitte austilgen mußte. Nach der Gesetzessammlung der Mischna und der sie ergänzenden Tosefta sollte ein solcher ›Verführer‹ an einem der großen Wallfahrtsfeste in Jerusalem öffentlich hingerichtet werden, und im Verfahren gegen ihn konnte man notfalls sonst gültige Prozeßregeln unbeachtet lassen. Da die Blutgerichtsbarkeit z. Z. des Verfahrens gegen Jesus nicht bei den Juden, sondern beim römischen Statthalter lag (vgl. Joh 18,31), mußten die jüdischen Oberen Pilatus mit der Sache befassen und ihn nötigen, Jesus kreuzigen zu lassen, der in ihren Augen ein Pseudomessias war. Was die Evangelien über das Vorgehen von Juden und Römern gegen Jesus berichten, trifft also historisch zu. Als die jüdischen Oberen Jesus verurteilten, haben sie das geltende Recht *nicht* gebeugt, und Pilatus ist bei dem Todesurteil gegen Jesus, das er sich abgerungen hat, auch »nur« der üblichen römischen Staatsraison gefolgt, die potentielle oder bereits tätige religiöse Aufwiegler gegen die Herrschaft der Römer unschädlich zu machen zwang. Historisch strittig bleibt in Hinsicht auf das Verfahren gegen Jesus nur die kaum eindeutig zu beantwortende Frage, ob dem Geschehen die johanneische oder die synoptische Passionschronologie zugrundezulegen ist: Jesus ist zwar nach allen vier Evangelien an einem Freitag(nachmittag) am Kreuz gestorben, aber dieser Freitag war nach Matthäus, Markus und Lukas der auf den Passaabend folgende 15. Nisan, während es sich nach Johannes um den Rüsttag auf das erst am Karfreitagabend bevorstehende Passafest, also den 14. Nisan, gehandelt hat (vgl. Joh 18,28).

Auch der eingebürgerten Annahme ist zu widersprechen, daß die vorösterlichen Schichten der Evangelientradition von einem messianischen Sendungsanspruch Jesu nichts erkennen ließen und ein solcher auch im Gerichtsverfahren und bei der Kreuzigung Jesu keine entscheidende Rolle gespielt habe. Das genaue Gegenteil ist der Fall! Ohne Jesu Anspruch, Messias zu sein, wird der ganze Passionsbericht historisch unverständlich.

Aus Mk 8,27–33Par kann man eine definitive Ablehnung des Titels »Messias« durch Jesus nur herauslesen, wenn man den Text in literarkritisch fragwürdiger Weise dekomponiert; doch ist dieses Problem hier nicht zu erörtern. Wichtiger sind folgende Belege: Schon Jesu Einzug in Jerusalem vom Ölberg aus (vgl. Sach 14,4) war eine messianische Zeichenhandlung. Für den Einzug hat Jesus nicht nur bewußt den Esel als Reittier des Friedensmessias (vgl. Sach 9,9–10), sondern aller Wahrscheinlichkeit nach auch den Weg gewählt, der von der Königssalbung Salomos an der Gihonquelle her vorgezeichnet war und durch die Davidsstadt zum südlichen Tempelvorplatz führte (vgl. 1. Kön 1,38–40).

Von diesem Vorplatz aus ist Jesus über die (heute noch zu sehenden) Freitreppen durch das doppelte Huldator in den Tempel gegangen und hat in der Königlichen Säulenhalle, in der die Tempelgeschäfte getätigt wurden, die sog. Tempelreinigung vollzogen (vgl. Mk 11,15–17Par).[22] Mit diesem gezielten Akt hat er die Priesterschaft vor die Wahl gestellt, entweder umzukehren und seiner Lehre zu folgen oder sich gegen den Sohn Gottes zu stellen und einen Opferkult zu vollziehen, der dem Verdikt des Jeremia unterlag (vgl. Jer 7,1–11). Für diesen Fall war Jesus bereit, mit seinem eigenen Leben an die Stelle der nutzlosen Priesteropfer zu treten und das letztgültige Lösegeld für Israel zu sein (s. u.). Jesus ist also mit der Tempelreinigung aufs Ganze gegangen und hat damit die Passionsereignisse selbst in Gang gesetzt. Sein Vorgehen im Tempel war weit mehr als nur eine kultkritische prophetische Protestaktion, es war eine messianische Zeichenhandlung! Darauf weisen alle frühjüdischen Vergleichstexte hin, die die Reinigung und gegebenenfalls auch Neuerrichtung des Tempels speziell vom Messias erwarten (vgl. die nach frühjüdischem Verständnis auf den Messias zu beziehenden Aussagen in 2. Sam 7,12–16; 1. Chr 17,11–14; Sach 4,8–10; 6,9–15; 14,20–21; PsSal 17,30–32 [vgl. mit Mi 4,1–4]; Sib 5,414–433 und TgJes 53,5). Wie Joh 2,19 noch erkennen läßt, hat Jesus bei seiner Aktion einen Ausspruch getan, dessen urtümlichste Form in Mk 14,58 erhalten ist: »Ich werde diesen mit Menschenhänden gemachten Tempel niederreißen und in drei Tagen einen anderen, nicht mit Menschenhänden gemachten errichten.« Dieses Wort greift die auf 2. Mose 15,17 fußende frühjüdische Erwartung auf, daß der irdische Tempel in der Endzeit durch das von Gott selbst erbaute Heiligtum ersetzt werden wird. Da Jesus sich selbst als den bezeichnet, der den Tempel Gottes errichten soll, spiegelt das Tempelwort seinen ungeheuren Anspruch wider, der messianische Gottessohn zu sein, der das Heiligtum der Endzeit zu errichten hat, in dem alle Völker den einen Gott anbeten sollen (vgl. Jes 56,7). Die von Jesu Aktion Betroffenen stellen denn auch die Frage nach seiner (messianischen) Vollmacht (vgl. Mk 11,27–28Par).

Im jüdischen Verfahren gegen Jesus zielt die Frage des Hochpriesters Kaiphas, ob er »der Christus, der Sohn des Hochgelobten« sei (Mk 14,61Par), ebenfalls auf Jesu messianischen Anspruch. Wie Fragmente aus Qumran (4 Q psDan A^a = 4 Q 246) zeigen, ist die Frage des Hochpriesters ganz frühjüdisch formuliert; sie spiegelt also keineswegs erst und nur christliche Bekenntnistradition. Die Antwort Jesu: »Ich bin es, und ihr werdet schauen den Sohn des Menschen sitzend zur Rechten der Macht und kommend mit den Wolken des Himmels« (Mk 14,62Par) stimmt mit anderen Menschensohnworten Jesu (z. B. Lk 12,8–9Par) überein und ist ihm mitnichten abzusprechen. Diese Antwort erscheint aber dem Hochpriester mit Recht als Gotteslästerung, weil sich Jesus die Rechte des endzeitlichen Weltenrichters anzumaßen schien und den Hochpriester mitsamt den obersten jüdischen Richtern in die Schranken des Endgerichts forderte, bei dem er selbst (gemäß Ps 110,1) auf dem Gerichtsthron Gottes sitzen und Gericht halten werde. Aufgrund dieser kühnen Antwort konnte Jesus tatsächlich als pseudomessianischer Verführer gelten.[23] Dementsprechend haben ihn die jüdischen Oberen am nächsten Morgen an Pilatus übergeben, und zwar mit dem Vorwurf, es handle sich um einen auch für Roms Autorität in Judäa gefährlichen messianischen Prätendenten.

Der nicht christlich, sondern römisch formulierte Kreuzestitulus »Der König der Juden« (Mk 15,26Par)[24] nimmt diese Anschuldigung auf und dokumentiert auf seine Weise, daß die Frage nach dem messianischen Anspruch Jesu tatsächlich der rote Faden ist, der die Passionstradition vom Einzug in Jerusalem bis zur Kreuzigung auf Golgatha historisch zusammenhält.[25]

In den Passionsgeschichten geht es also insgesamt um das nachösterliche Geschichtszeugnis von Jesu letztem Auftreten in Jerusalem, seiner Gefangennahme und gerichtlichen Überführung als pseudomessianischer Volksverführer und Gotteslästerer durch die jüdischen Oberen, seiner Überstellung an Pilatus und seiner Hinrichtung am Kreuz durch die Römer unter dem Verdacht messianischer Aufwiegelei. Dieses Geschichtszeugnis ist historisch verläßlich fundiert. Wenn die Evangelisten die Geschichte der Passion Jesu erzählen, wollen sie dieses geschichtliche Geschehen als das endzeitliche Heilshandeln Gottes für Israel und die Völkerwelt durch Jesu Leiden, seinen Kreuzestod und seine Auferweckung transparent machen. Wer an Karfreitag die biblischen Passionsge-schichten nacherzählt, macht sich keines geschichtlichen Falsch-zeugnisses schuldig. Aber er muß ein Glaubenszeugnis wagen, das die Zuhörer zum Mitvollzug des Vorgetragenen und Mitglauben an Gottes Heilswerk einlädt.

IV

In den Predigtperikopen aus den Passionsgeschichten der Evange-lien, in 2. Kor 5,14–21; Hebr 9,15–28 und in der christologischen Deutung von Jes 52,13–53,12 stößt man auf Interpretationsmuster, die dem Sterben Jesu am Kreuz soteriologischen Sinn geben. Schaut man sich diese Deutungsmuster genauer an, zeigt sich, daß sie sämtlich alttestamentlich-frühjüdischen Ursprungs sind und deutlich machen wollen, auf welche Weise Gott selbst durch den Tod Jesu Heil und Erlösung für sein Volk und die Heiden gestiftet hat.

In den Evangelien wird Jesu Leidensweg und Sterben verschie-dentlich im Lichte von Jes 52,13–53,12 geschildert (vgl. z. B. Mk 9,31Par; 10,45Par; Mk 14,24Par; Lk 22,37; 23,34; Joh 1,29.36). Dabei wird Jesus mit dem stellvertretend für »die Vielen« (vgl. Jes 53,11–12) leidenden Gottesknecht identifiziert und erscheint zu-gleich als der exemplarisch ›leidende Gerechte‹, durch dessen Passion Gott seine heilsame Herrschaft durchsetzt (vgl. Ps 22 und 69). Im Rückblick auf Jesu Passion als Gottesknecht sagt dann die alte Evangeliumsformel aus Jerusalem, die Paulus in 1. Kor 15,3b–5 zitiert, der »Christus ist gestorben für unsere Sünden nach den Schriften«, und das von Paulus in Röm 4,25 angeführte, eben-falls alte Bekenntnis formuliert: »Er ist (von Gott) um unserer Sünden willen preisgegeben und (von Gott) um unserer Recht-fertigung willen auferweckt worden.«

In Jes 53,10 ist von der »Schuldtilgung« bzw. »Schuldablei-stung« des Knechtes Gottes die Rede, die den Vielen zur Recht-fertigung gereicht. Wo durch menschliches Fehlverhalten (z. B. durch Unterdrückung der Gerechten) Gottes Privilegrechte auf

Erden verletzt worden sind, entsteht eine Haftpflicht, die nach alttestamentlicher Überzeugung gegenüber Gott durch Schuldableistung abgegolten werden muß.[26] Nach Jes 53 sind »die Vielen« in eben dieser Weise vor Gott schuldig geworden. Ihre Schuldverpflichtung aber wird von dem Knecht Gottes übernommen und getilgt, damit sie dem Gottesgericht entgehen. In Jes 53 wird rechtlich bzw. rechtfertigungstheologisch gedacht. Bevor man unter Hinweis auf Jes 53,10 wieder in das abendländisch angestammte christologische Denken zurückfällt und von der Genugtuung spricht, die Gott durch das Opfer des Gottesknechts erfährt, ist folgendes zu bedenken: Nach Jes 53 ist der Gottesknecht Gottes eigenes Werkzeug, das den Vielen Befreiung von ihrer Schuld und neues Leben verschafft. Es ist also Gott selbst, der seinen Knecht sendet und dessen Opfergang verfügt. Gott bedarf keiner Genugtuung, sondern tut aus freien Stücken heraus genug zur Rettung der Sünder, und zwar durch die Aufopferung seines erwählten Knechts. Die stellvertretende Schuldableistung durch den Knecht Gottes ist deshalb erforderlich, weil die absolute Differenz von göttlichem Recht und menschlichem Unrecht und der daraus erwachsende Gerichtsgedanke in Jes 53 nicht einfach übersprungen wird. Gottes Gerechtigkeit kann nach dem vierten Gottesknechtslied genausowenig mit menschlicher Ungerechtigkeit koexistieren wie nach der priesterlichen Tradition (s. u.). Umso wunderbarer ist die Tatsache, daß Gott sich aus freier Gnade heraus der todgeweihten Vielen annimmt und ihnen durch die Lebensstellvertretung des Gottesknechts zur Gerechtigkeit verhilft (vgl. Jes 53,11).

Das vierte Gottesknechtslied ist im Kontext des Jesajabuches zunächst kollektiv auf Israel zu beziehen (vgl. Jes 49,3); genauer: auf den nach Babylon deportierten Teil Israels, der vor Gott stellvertretend für das ganze Volk und die Völkerwelt mit dem Opfer seiner Existenz eingestanden ist. In der frühjüdischen Weisheit Salomos ist Jes 53 außerdem auf einen einzelnen exemplarisch leidenden Gerechten bezogen worden (vgl. Weish 2–5); nach Apg 8,34 hat man bei diesem Gerechten schon in urchristlicher Zeit an den Propheten Jesaja selbst gedacht, und im (nachneutestamentlichen) Targum zu Jes 53 stößt man außerdem auf eine Auslegung

des Textes auf den Messias, die sich in Spuren bis in die Qumran-
texte zurückverfolgen läßt. Die christologische Interpretation des
Liedes beschlagnahmt den Text also nicht kurzerhand für christliche Zwecke, sondern vertieft eine der bereits im Frühjudentum
erwogenen Verständnismöglichkeiten des Textes. Im Hintergrund
des in Mk 10,45 und Mt 20,28 wortgleich überlieferten Jesuswortes: »Der Menschensohn ist nicht gekommen, um sich dienen zu
lassen, sondern um zu dienen und sein Leben hinzugeben als
Lösegeld für viele«[27] stehen sehr wahrscheinlich zwei Schriftwor-
te, Jes 43,3–4 und 53,12.

Jes 43,3–4: »Denn ich, Jahwe, bin dein Gott, der Heilige Israels
ist dein Helfer. Ich gebe Ägypten für dich als Lösegeld hin, Kusch
und Saba an deiner Statt. Weil du mir so teuer bist in meinen
Augen, so wertgeschätzt, und ich dich liebe, gebe ich Menschen
für dich hin und Völker für dein Leben.« (Die Stelle ist im Judentum der Jesuszeit auf das Endgericht gedeutet worden, in dem Gott
die Gottlosen zugunsten Israels in den Tod gibt [vgl. so z. B. 1Q
frg 34,3; 1,5]).[28]

Jes 53,12: »Darum will ich ihm die Vielen als Anteil geben,
und die Mächtigen fallen ihm als Beute zu dafür, daß er sein
Leben in den Tod dahingegeben hat und unter die Übeltäter gezählt ward, während er doch die Schuld der Vielen trug und für
die Sünder eintrat.«

In dem Logion von Mk 10,45 (Mt 20,28) wird Jesu Leben als
das von Gott selbst zur Auslösung seines Volkes aus Sündenschuld
ausersehene Lösegeld angesehen.

Mit der alt- und neutestamentlichen Vorstellung vom »Lösegeld« hat sich Bernd Janowski eingehend befaßt.[29] Vom Lösegeld
(hebräisch: *kopaer*) ist zuerst in alttestamentlichen Rechtstexten die
Rede. Es geht dabei um eine menschliche Schuld oder auch fahr-
lässiges Verhalten ausgleichende Ersatzgabe. Der Bereich der rein
rechtlichen Schadensregulierung durch die Zahlung von Lösegeld
wird aber in der Tradition schon früh transzendiert. Von 2. Mose
21,30 an läßt sich beobachten, daß das Lösegeld »als *Auslösung
des verwirkten individuellen Lebens ... und d. h.: als Existenzstellvertretung*, als *Lebensäquivalent* verstanden« wird; eben dieser

Aspekt »gab dem Terminus kopaer ... seinen über rein rechtliche Kategorien ... hinausweisenden, traditionsgeschichtlich wirksam gewordenen Sinngehalt.«[30] Die Rede Jesu vom »Lösegeld für viele (alle)« erklärt sich von Mk 8,37Par (vgl. mit Ps 49,8–9) her: Kein Mensch wird im Endgericht sein verwirktes Leben vor dem Gerichtsthron Gottes durch ein selbst aufgebrachtes Lösegeld auslösen können. Rettung gibt es für den in dieser Situation vom Vernichtungsurteil über den Sünder bedrohten Menschen nur, wenn Gott selbst ein Lösegeld für ihn bereitstellt und es für seine Geschöpfe einsetzt. Dieses Lösegeld wollte Jesus mit seinem eigenen Leben erbringen.

Sieht man das, ergibt sich eine ganz erstaunliche sachlogische Verbindungslinie zwischen Mk 8,37Par, Mk 10,45Par, dem Kelchwort in Mk 14,24Par und der Tempelreinigung (s. o.). Bei dieser messianischen Zeichenhandlung (s. o.) ist Jesus gegen den Handel (mit Tauben und Opfermaterie) sowie den Geldwechsel im Tempel eingeschritten (vgl. Mk 11,15Par). Das im Auftrag der Priesterschaft betriebene Wechselgeschäft war nötig, weil alle wichtigen Käufe und Abgaben im Tempel in tyrischer Währung getätigt werden mußten, die z. Z. Jesu besonders wertbeständig war; ohne tyrisches Geld konnten die an den Wallfahrtsfesten nach Jerusalem strömenden Pilger weder Sonderopfer, die sie darbringen wollten, bezahlen, noch auch die Tempelsteuer entrichten. Zur Zahlung dieser jährlichen Steuer waren alle erwachsenen Juden verpflichtet, weil sie von 2. Mose 30,12 her als Lösegeld für die Israeliten gewertet wurde; Nichtjuden durften sich an dieser Steuer nicht beteiligen. Aus Mitteln der Tempelsteuer wurde nämlich u. a. das von den Priestern an jedem Morgen und Abend darzubringende »immerwährende Brandopfer« (Tamidopfer) bezahlt, von dem in 2. Mose 29,38–42 und 4. Mose 28,3–8 die Rede ist; es bestand jeweils aus einem Schafwidder und einigen Zugaben. Nach Jub 6,14; 50,11 wurde Israel durch die Darbringung des Tamidopfers am Morgen und am Abend der Sündenvergebung teilhaftig und so vor der Ausrottung bewahrt; es war das wichtigste Sündopfer für Israel überhaupt und wurde an Bedeutung nur noch durch den einen Sündopferbock überboten, den der Hochpriester am Großen

Versöhnungstag für das Volk darbringen durfte, um mit seinem Blut im Allerheiligsten den Sühneritus zu vollziehen (vgl. 3. Mose 16,15). Wie Jesu Anspielung auf die Scheltrede des Propheten Jeremia bei der sog. Tempelreinigung zeigt (vgl. Mk 11,17Par mit Jer 7,11), hat er den in Jerusalem an ihm und seiner Botschaft vorbei betriebenen Opferkult als illusionär angesehen. Wenn er gleichzeitig versuchte, den Handel mit Opfermaterie und den für die ordnungsgemäße Entrichtung der Tempelsteuer nötigen Geldwechsel zu unterbinden (und damit auch den Erwerb der Schafböcke für das Tamidopfer zu verhindern), kann das nur heißen, daß Israel nach seiner Auffassung nur noch durch ein einziges Lösegeld aus seiner Sündenschuld vor Gott ausgelöst werden konnte, nämlich durch seine eigene stellvertretende Lebenshingabe für »die Vielen«.[31] Diese Lebenshingabe hat Jesus in Mk 10,45Par und 14,24Par gemeint.

Die Szene vom Zerreißen des Tempelvorhangs (Mk 15,38Par) macht in Erzählform deutlich, daß Gott Jesu Opfer tatsächlich in dem von ihm gewünschten Sinne in Kraft gesetzt hat. Mit dem Tempelvorhang ist nicht der an der Eingangshalle zum Tempel angebrachte Vorhang gemeint, sondern der Doppelvorhang, der vor dem Allerheiligsten hing (vgl. Josephus, Bell 5,219). Sein Zerreißen macht deutlich: »Das Allerheiligste ist nicht mehr Gottes Ort und Eigentum.«[32] Der Vater Jesu Christi ist nunmehr ohne priesterliche Vermittlung in dem und durch den am Kreuz auf Golgatha hängenden Jesus zugänglich geworden. Mit Paulus in Röm 5,2 gesprochen: Der als Lösegeld und Opfer aller Opfer geltende Tod Jesu hat den Glaubenden den »Zugang zur Gnade« eröffnet und sie in den »Frieden bei Gott« gestellt.

Wenn Paulus den Christen von Korinth in 1. Kor 6,20 schreibt: »ihr seid teuer erkauft«, nimmt er die skizzierte Sicht auf: Gott hat sich den Loskauf der Sünder aus der Macht der Sünde sein Teuerstes kosten lassen, nämlich das Leben seines Sohnes.

Das Neue Testament bringt durch eine Vielzahl von Formulierungen zum Ausdruck, daß der Kreuzestod Jesu als Ereignis der von Gott selbst gestifteten und ein für allemal wirksamen Sühne anzusehen ist. Der Hebräerbrief sagt z. B., Jesus sei mit seinem eigenen Blut in das himmlische Heiligtum eingegangen und habe dort eine »ewige Erlösung« erlangt; sein Tod sei das (Sünd-)Opfer aller Sündopfer und sein Blut das Sühnemittel, das ein für allemal Vergebung der Sünden erwirkt (Hebr 9,12.14.22.26–28). Ganz ähnlich sagt es auch die zweite Strophe des Christushymnus im Kolosserbrief, Kol 1,18–20. Paulus schreibt von Gottes Erlösungstat in und durch Christus in 2. Kor 5,19–21: Gott selbst war in Christus und hat durch die Lebenshingabe seines Sohnes die Welt mit sich versöhnt. Er hat den Einen, der Sündenschuld nicht kannte, stellvertretend für uns zum Träger aller Sünde – oder wie man auch sagen kann: zum Sündopfer – gemacht (vgl. Röm 8,3), damit wir durch ihn der Gerechtigkeit Gottes teilhaftig würden. Kraft des Erlösungsgeschehens auf Golgatha findet also eine Seinsverwandlung statt: Christus nimmt die Sünde auf sich und entäußert sich seiner Gerechtigkeit, um die Sünder von ihrer Sündenschuld zu befreien, die Sünder aber werden frei von ihrer Sünde und gewinnen teil an Jesu Gerechtigkeit, die zugleich Gottes Gerechtigkeit ist. Parallel zu diesen Aussagen führt der Apostel in Röm 3,24–26 (im Anschluß an eine ihm überkommene Christusformel) die von Gott in und durch Christus gestiftete Erlösung darauf zurück, daß Gott selbst durch das Blut Jesu Christi Sühne erwirkt und den Christus öffentlich zum »Sühnmal« (hebr.: *kapporæt*) aufgestellt hat, angesichts dessen alle, die an Jesus Christus glauben, Sündenvergebung und Rechtfertigung erlangen. Von der Sühnewirkung seines »Bundesblutes« spricht Jesus schon bei der Stiftung des Herrenmahls (vgl. Mk 14,24Par mit 2. Mose 24,8).[33]

Die Institution der Sühne ist im Alten Testament kein primitives, aus heidnischen Zeiten mitgeschlepptes Erbstück, bei dem Blutschuld durch stellvertretende Tötung ausgeglichen wird, wie Jörg-Dieter Reuß kürzlich wieder behauptet hat,[34] sondern eine gnädige Stiftung Gottes: Gott erlaubt und ermöglicht es seinem erwählten Volk, ihm zu begegnen, ohne daß Israel und der einzelne Israelit in ihrer irdischen Hinfälligkeit und Unheiligkeit vor seiner Heiligkeit vergehen müßten. Unverrückbarer Grundsatz kultisch-priesterlichen Denkens ist es, daß Gott in seiner Heiligkeit nicht mit der Sünde und ihren Auswirkungen koexistieren kann und will; Unreinigkeit, Sünde und Ungerechtigkeit müssen vielmehr vor Gott vergehen (vgl. zur Illustration Jes 6,5). Das Hilfreiche und zugleich Wunderbare am Sühnekult ist es, daß er die Begegnung zwischen dem heiligen Gott und dem unheiligen Volk dadurch ermöglicht, daß Gott die Erlaubnis gegeben und den Weg eröffnet hat, alles Unheilige vor ihm symbolisch zu vernichten und neue Gemeinschaft zwischen ihm und seinem Volk zu stiften. Dies geschieht durch eine (mittels der Aufstemmung der Hände vollzogene) Subjektübertragung von einem Menschen (oder einer Menschengruppe) auf ein reines, kultisch fehlloses Opfertier (vgl. 3. Mose 1,4). Statt der (oder des) unreinen Menschen wird das Tier getötet, sein Blut an den heiligen Altar hingegeben und sein Leib auf dem Altar verbrannt. Diese symbolische Opferweihe ist – wie Hartmut Gese schön formuliert hat – »Lebenshingabe an das Heilige«[35] und zugleich »ein Zu-Gott-Kommen durch das Todesgericht hindurch.«[36] Für den täglichen Sühnekult war die Darbringung des Tamidopfers, d. h. des Opferwidders am Morgen und am Abend, konstitutiv (vgl. 2. Mose 29,38–42; 4. Mose 28,3–8; 11QTempel 13,8–16 sowie den Mischna-Traktat Tamid), und im Jahreszyklus fand der Sühnekult seinen Höhepunkt am Großen Versöhnungstag, dessen Ritus in 3. Mose 16; 11QTempel 25,10–27,10 und im Mischna-Traktat Yoma (rudimentär) beschrieben wird. Der Ort der Sühneweihe war an diesem einen Tag nicht nur der Altar allein, sondern zusätzlich noch das Allerheiligste des Tempels. In ihm befand sich – allen Blicken im Dunkel entzogen und in spätisraelitischer Zeit nur noch vorgestelltermaßen – die von der ›Deckplatte‹ bzw. dem ›Sühnmal‹ (*kapporæt*) bedeckte Bundeslade. Der Hochpriester betrat das Allerheiligste, erfüllte es mit Weihrauch und sprengte das Blut des an Stelle des Volkes in den Tod gegebenen Sündopferbocks siebenmal vor das Sühnmal und an das Sühnmal hin. Mit diesem Blutritus stiftete er neue Gemeinschaft zwischen Gott und Israel. Nachdem er aus dem Allerheiligsten zurückgekehrt war und seinen kultischen Dienst beendet hatte, spendete er dem vor dem Tempel wartenden Volk den aaronitischen Segen zum Zeichen der dem Volk durch die Entsühnung zuteilgewordenen Sündenvergebung (vgl. Sir 50,20–21). Wie wenig es sich bei diesem kultischen Vorgang um eine menschliche, Gottes Zorn beschwichtigende Leistung handelte, unterstreichen die Formulierungen in 3. Mose 10,17 und 17,11. Gott gibt die Sündopfer und überläßt den Priestern das Blut, damit sie damit den Sühneritus vollziehen. In dem Blut und Leib des stellvertretend für das Volk geschächteten Opferlammes darf Israel am Morgen und am Abend durch das Todesgericht an seiner Unheiligkeit hindurch zu Gott kommen und außerdem noch am Großen Versöhnungstag die Neubegründung seines Seins vor Gott und die Vergebung seiner Sünden erfahren.

Wenn im Neuen Testament vom Blut Jesu als dem Sühnemittel die Rede ist (z. B. Mk 14,24Par; Röm 3,25; 5,9; Eph 1,7; Kol 1,20; Hebr 9,12–14.22), oder wenn es in 2. Kor 5,21 und Röm 8,3 heißt, Gott habe seinen sündlosen Sohn »für uns zum Sündopfer gemacht«, wird die Denk-und Erfahrungswelt des Sühnkultes auf Christus und seinen Kreuzestod übertragen. Der Sohn Gottes bewahrt durch sein stellvertretendes Sterben die Sünder vor dem Gerichtstod, reinigt sie von Sünden und stellt sie neu in die Gemeinschaft mit ihrem Schöpfer; durch Jesu stellvertretendes Sterben und die darin gründende Vergebung der Sünden werden die Sünder vor Gott »geheiligt und gerechtfertigt« (vgl. 1. Kor 6,11). Wird vollends das Sühnmal aus dem Allerheiligsten mit dem gekreuzigten Christus identifiziert, wie es in der Röm 3,25 von Paulus aufgenommenen Überlieferung und in Hebr 9,11–14 geschieht, dann wird das für Israel entscheidende Sühneritual des Großen Versöhnungstages aus dem Jerusalemer Tempel hinaus ans Kreuz auf Golgatha verlagert, und zwar in seiner ganzen gottmenschlichen Doppeldimension. Christus ist einerseits das von Gott für Israel und die Heiden in den Tod gegebene Sühnopfer aller Sühnopfer und sein Blut das ein für allemal für alle Sünder wirksame Sühnemittel schlechthin. Da Gott aber nach 2. Mose 25,22 selbst vom ›Sühnmal‹ (*kapporæt*) her seinem Volk erscheinen und mit ihm reden will, ist der Gottessohn am Kreuz auch der den Menschen erscheinende und mit ihnen redende Gott in Person, also wahrer für uns sterbender Mensch und wahrer uns im Kreuzesgeschehen Heil schaffender Gott zugleich. Der von Paulus in

2. Kor 5,19 formulierte Grundsatz: »Gott war in Christus und versöhnte die Welt mit sich selber« bringt das Kreuzesgeschehen ebenso auf den Punkt wie Kol 1,19–20: »Denn es gefiel der göttlichen Fülle, in ihm (d. h. dem Christus) Wohnung zu nehmen und durch ihn das All auf ihn (oder auch: auf sich) hin zu versöhnen, indem er Frieden stiftete durch das Blut seines Kreuzes … «

Das die Karfreitagstexte direkt und indirekt prägende »für uns« faßt das gesamte Heilshandeln Gottes durch den Tod Jesu zusammen: Zuerst und vor allem Gottes unüberbietbare Liebestat der Preisgabe seines Sohnes für Juden und Heiden (vgl. Röm 5,8; 8,32), dann den in den Willen des Vaters einwilligenden Sohnesgehorsam Jesu (vgl. Mk 14,36; Phil 2,8; Hebr 5,8), weiter Jesu Stellvertretung im Tragen der Sündenfolgen und Erleiden des Todesgerichts (vgl. Jes 53,4–5.10–12; Gal 3,13; 2. Kor 5,21; Röm 4,25) und schließlich die durch diesen Opfergang gewonnene himmlische Position Jesu als Anwalt, der für die vor Gottes Gerichtsthron (von Satan) angeklagten Sünder kraft seines stellvertretend für sie erlittenen Sühntodes heilswirksame Fürbitte leistet (vgl. Röm 8,34; Hebr 7,25; 9,24; 1. Joh 2,1 mit Jes 53,12).

Alttestamentlich ist diese gestaffelte Stellvertretung nicht nur in Jes 53,4–5.10–12 vorgezeichnet,[37] sondern sie wird auch darin sichtbar, daß der jeweilige Opferherr dem Sühnopfer die Hände aufstemmt, um sich mit ihm symbolisch zu identifizieren (vgl. 3. Mose 1,4),[38] so daß das Tier statt seiner dahingegeben werden kann. Am großen Versöhnungstag legt der Hochpriester stellvertretend für Israel nicht nur dem Bock die Hände auf, der geschlachtet und mit dessen Blut der Sühneritus vollzogen wird, sondern auch dem Sündopferbock, der mit Sünden beladen in die Wüste geschickt wird (vgl. 3. Mose 16,21), um Israel von seinen Sünden zu entlasten. Beim Morgen- und Abend-Tamidopfer vollzieht der Hochpriester die Handaufstemmung sogar an allen Teilen des Opfertieres, die ihm gereicht werden, wenn er sie als Brandopfer darbringt (vgl. mTam 7,3); das Tamidopferlamm wird auf diese Weise Stück für Stück für Israel dahingegeben.

Nimmt man zu den in den sechs Predigtjahrgängen für Karfreitag gewählten Perikopen noch die Abendmahlsworte (Mk

14,22–24Par; 1. Kor 11,23–25) und die von Paulus in 1. Kor 15,3–5; Röm 3,25–26; 4,25 und 8,3–4 zitierten Traditionstexte hinzu, rundet sich das Bild ab. Der Weg Jesu in den Tod steht nach all diesen Texten im Zeichen der von Gott selbst verfügten und von Jesus willentlich bejahten stellvertretenden Lebenshingabe seines geliebten Sohnes. Gott hat an Karfreitag auf sich genommen, was er Abraham nach 1. Mose 22,12 erspart hat. Er hat seinen Sohn zum »Sündopfer« gemacht (vgl. Röm 8,3 und 2. Kor 5,21 mit 3. Mose 5,6.7.11 [Septuagintatext]), und die kraft dieser Tat ein für allemal geleistete Sühne ist der Rechtsgrund für die Rechtfertigung der Gottlosen allein aus Glauben um Christi willen.

Die auf Jes 53,10–12 fußenden urchristlichen Sätze von der Rechtfertigung der Gottlosen allein aus Glauben um des gekreuzigten Christus willen, allen voran Röm 4,5; 5,6, lassen sich ohne christologische Auslegung des Textes und den auf Christi Tod angewandten Sühnopfergedanken nicht festhalten. Das von Reuß geäußerte Plädoyer für einen neuen kirchlichen Erlösungsglauben (s. o.) bedeutet im Endeffekt die Abkehr von dem protestantischen Artikel von der Rechtfertigung, mit dem die Kirche steht und fällt.

Innerhalb der Passions- und Kreuzestexte läßt sich nur gewaltsam zwischen einer frühen Schicht der Überlieferung, die noch keine Opferterminologie gebraucht, und einer späteren Traditionsschicht, die dann auch opfertheologisch argumentiert, unterscheiden; man kann darum die zweite auch nicht zugunsten der ersten abwerten oder von ihr her korrigieren.[39] Wenn man schon traditionsgeschichtlich staffeln will, wird ein viel wichtigerer Tatbestand deutlich. Wie die Forschungen von Joachim Jeremias,[40] Leonhard Goppelt,[41] Werner Grimm,[42] Rudolf Pesch[43] u. a. gezeigt haben, lassen sich weder die Grundform der Leidensweissagungen (in Gestalt von Mk 9,31Par) noch das Wort vom Lösegeld (Mk 10,45Par) oder die Herrenmahlsworte (entweder nach Mk 14,22–24Par oder 1. Kor 11,23–25) dem irdischen Jesus absprechen. Es handelt sich vielmehr um Logien, die zusammen mit dem sicher authentischen Wort Lk 13,32–33 zu erkennen geben, daß Jesus mit dem ihm in Jerusalem bevorstehenden gewaltsamen Tod gerechnet und seinen Opfergang als heilsnotwendig für Israel und die Heiden erachtet hat. Er ist seinen Weg ins Leiden und in den Tod unter schweren Anfechtungen gegangen (vgl. Mk 14,32–42Par), ist aber trotzdem der drohenden Verhaftung und Hinrichtung nicht ausgewichen, sondern hat sein Geschick als Willen Gottes angenommen. Mit dieser Haltung hat Jesus auf seinem Kreuzweg das erste Gebot aufgerichtet,[44] aber noch weit mehr als nur vorbildlichen Gehorsam geübt! Er hat seinen Leidensweg als Weg des im Auftrag Gottes für Israel und die Völkerwelt leidenden Gottesknechtes verstanden und in seinem Leben das von Gott für Israel und die Völkerwelt aufgebrachte »Lösegeld« (vgl. Jes 43,3–4) bzw. die von Gott erbrachte »Schuldableistung« für »die Vielen« (vgl. Jes 53,10) gesehen. Die von Jesus für seine Freunde und Feinde geübte Existenzstellvertretung sollte für sie ein für allemal Sühne erwirken und ihnen die Chance eröffnen, dereinst Tischgenossen bei dem von Gott selbst angerichteten messianischen Dankopfermahl auf dem Zion sein zu dürfen, auf das Jesus bei seinem Abschiedspassamahl mit den Zwölfen vorausgeblickt hat (vgl. Mk 14,24–25Par mit 2.Mose 24,8–11; Jes 24,23; 25,6–9; Jer 31,31–34).[45] Die Metaphern »Lösegeld«, »Schuldableistung« (»Schuldopfer«), »Bundesblut« und der Gedanke an die bis in das Endgericht hinein Sühne wirkende Existenzstellvertretung des messianischen Menschensohnes wurden von den nachösterlichen Glaubenszeugen nicht erst einige oder mehrere Jahre nach Ostern frei gewählt und neu an Jesus und seinen Weg herangetragen, sondern sie waren den Zeugen bereits von Jesus und seiner Lehre her vorgegeben.

Das führt insgesamt zu folgender Deutungsperspektive: Die Osterereignisse haben den Zeugen die Erkenntnis aufstrahlen lassen, daß Gott Jesu Opfergang bejaht und ihn (in Erfüllung von Ps 89,28 und 110,1) zu seiner Rechten zum »Sohn Gottes in Macht« (Röm 1,4) eingesetzt hat (vgl. auch Phil 2,6–11; Kol 1,18; Hebr 1,13; Offb 1,5). Von dieser Einsicht ergriffen und ermutigt, haben sie in den Passionsgeschichten und Kreuzestexten die Leidensgeschichte Jesu nacherzählt und die von Jesus gelernten Worte nachgesprochen, und zwar in der Kraft der ihnen vom Heiligen Geist eröffneten Glaubens- und Wahrheitserkenntnis (vgl. Lk 24,25.27.44–48; Joh 14,26; 16,13). Ihr Zeugnis ist zur Grundlage aller christlichen Heilsverkündigung für Juden und Heiden geworden. Es muß auch heute unverfälscht bewahrt bleiben (vgl. 1. Tim 6,20; 2. Tim 1,14) und lautet: *Gott selbst hat durch die Hingabe seines eigenen Sohnes in den Tod am Kreuz und durch seine Auferweckung von den Toten ein für allemal genuggetan zum Heile Israels, der Heiden und der Schöpfung insgesamt.*

V

Fassen wir zur Präzisierung noch einmal nach. Bei Jesus selbst, seinen Jüngern und bei den Osterzeugen bis hin zu Paulus und Johannes handelt es sich sämtlich um geborene Juden. Von einer aufgeklärten Skepsis gegen die Opfer- und Sühnetradition waren sie alle von Haus aus nicht erfüllt!

Jesus hat seine Jüngerschaft gelegentlich darüber belehrt, in welcher Verfassung man im Tempel Opfer darzubringen habe und in welcher nicht (vgl. Mt 5,21–26Par). Aus Mt 17,24–27 läßt sich außerdem entnehmen, daß die Zahlung der Tempelsteuer in seinem Kreis nicht prinzipiell verweigert worden ist. Mit der sog. Tempelreinigung (s. o.) hat Jesus auch nicht pauschal Front gegen den Tempelkult gemacht, sondern den symbolischen Versuch unternommen, das Heiligtum auf dem Zion für die endzeitliche Verehrung Gottes durch Israel und die Völker zu reinigen und neu zu errichten. Was Jesus verurteilte, war nicht einfach der Opferkult als solcher, sondern der ausgedehnte priesterliche Geschäftsverkehr im Tempel und die Meinung der Priesterschaft, seinen Umkehrruf übergehen und trotzdem im Auftrag Gottes wirksame Sühne für Israel wirken zu sollen und zu können.[46] Roland de Vaux hat völlig richtig gesehen, daß Jesus mit der Tempelreinigung »das Opfer nicht verurteilt«, sondern »sich selbst als Opfer dargebracht (hat).«[47]

Dementsprechend haben sich die Jerusalemer Christen nach Ostern auch keineswegs geschlossen und grundsätzlich vom Tempel distanziert (vgl. Apg 2,46; 3,1ff; 21,26). Sie haben sich zu dem Jesus bekannt, den Gott mit der Auferweckung endgültig zum »Herrn und Christus« gemacht hatte (Apg 2,36); sein Tod war für sie der in Jes 53,10–12 angekündigte Opfertod des messianischen Gottesknechts (vgl. 1. Kor 15,3). Eine besondere Veranlassung, sich die Heilsbedeutung des Todes Jesu erst nachträglich von den jüdischen Märtyrerlegenden des 2. und 4. Makkabäerbuches her zu verdeutlichen, bestand für die in 1. Kor 15,5–8 aufgezählten Osterzeugen nicht. Sie wußten und glaubten fest daran, daß Jesus von Uranfang seiner Sendung mehr gewesen war als nur ein endzeitlicher Prophet, nämlich der eine messianische Gottessohn (vgl. Mk 8,27–30Par). Aus der Heiligen Stadt und vom Tempel sind sie erst gewichen, als der Hochpriester Ananos im Jahre 62 n. Chr. den Herrenbruder Jakobus als Gesetzesbrecher(!) steinigen ließ[48] und der von ihm angeführten Gemeinde weitere Verfolgungen drohten.

Daß Jesu Sühnetod am Kreuz und seine Erhöhung zur Rechten Gottes die Ablösung des Jerusalemer Sühnekults durch Gott bedeutete, hat zuerst der sogenannte Stephanuskreis erkannt (vgl. Apg 6,13–14). Möglicherweise geht die Überlieferung vom »Sühnmal«, die Paulus in Röm 3,25–26 zitiert, auf diesen kurz nach seiner Gründung aus Jerusalem verdrängten Kreis der »Hellenisten« zurück.[49] Auch der Hebräerbrief scheint diese Tradition gekannt zu haben (vgl. Hebr 9). Seine opfertheologischen Erörterungen sind sehr wahrscheinlich keine erst nach der Zerstörung des Tempels im Jahre 70 n. Chr. neu aufgebrachte Lehre, sondern sie führen das unter den Hellenisten von früh an wirksame christologische Gedankengut weiter.

Obwohl Paulus in Gal 4,24–26 fundamentale Kritik am ›Sklavendienst‹ des unfreien Israel in Jerusalem geübt, diese Kritik in Röm 11,9 noch einmal bekräftigt und seine Rechtfertigungsbotschaft in Röm 3,24–26 unter Rückgriff auf die vom Stephanuskreis geprägte Überlieferung formuliert hat, hat er der Urgemeinde in Jerusalem ein Leben lang gedient. Er hat das ihm auf dem Apostelkonzil übertragene Werk der Kollekte »für die Armen unter den Heiligen in Jerusalem« (Röm 15,26) mit Energie und schließlich unter Einsatz seines Lebens vorangetrieben. Der Gebrauch, den Paulus bei der Überbringung des Geldes in Jerusalem auf den

Rat des Jakobus hin von einem Teil der Summe gemacht hat (vgl. Apg 21,24.26), entspricht genau der in Röm 15,26 genannten Zweckbestimmung der Kollekte. Der jüdische Apostel eignet sich darum denkbar schlecht zum biblischen Kronzeugen für die von der theologischen Aufklärung seit dem 16. Jahrhundert gegenüber dem Sühne- und Opfergedanken entwickelte Kritik.

Dafür eignet sich auch die Schule des Johannes nicht. Sie hat nach 1. Joh 2,1–2; 4,9–10 Jesu Kreuzestod als Ereignis endzeitlicher Sühne begriffen und in Jesu Sendung und Weg den von Gott verfügten Opfergang des »Sohnes« gesehen, aus dem die endzeitliche Heilsgemeinde erwachsen ist (vgl. nur Joh 1,29; 2,21; 3,16; 6,51; 10,11; 12,49f; 15,13; 17,19; 19,36f). In Joh 4,20–24 blickt sie bereits auf die Zerstörung von Garizim und Jerusalem zurück und lehrt, daß die wahre Verehrung Gottes in dem von Jesus ausgehenden Geist über beide Kultstätten hinausweist.[50] Trotzdem läßt sie Jesus hingehen, um den Seinen im himmlischen Heiligtum (auf dem Zion?) Wohnstätten zu schaffen (vgl. Joh 14,2 mit Offb 21,3–4).

Aus alledem ergibt sich, daß die neutestamentliche Sühne- und Opfermetaphorik christologisch grundlegend war und bleibt. Man kann und darf sie nicht an den Rand schieben, sondern muß sie theologisch durchdringen und nachvollziehen, um zu begreifen, was Karfreitag bedeutet. Die Ausleger und Auslegerinnen der Bibel sind denkbar schlecht beraten, wenn sie sich an Karfreitag hermeneutisch von einer skeptischen Allergie gegen die biblischen Interpretamente für die Passion, Kreuzigung und Auferweckung Jesu leiten lassen, die dem Evangelium von Ostern an seine soteriologische Leuchtkraft gegeben haben! Die Sprache, die für Jesus recht und gut war, um seine Jünger über den Sinn seines Kreuzestodes zu belehren, und die Terminologie, in der die Osterzeugen mit Einschluß des Paulus das Evangelium von der Rechtfertigung des Gottlosen aus Glauben um Christi willen formuliert haben, dürfen moderne Interpreten und Interpretinnen der Bibel nicht für untauglich erklären, wenn sie sich selbst und den Gemeinden klarmachen sollen, was es mit dem Geschehen auf Golgatha auf sich hat.[51]

Das protestantische Schriftprinzip hält die ›verordneten Diener und Dienerinnen des Wortes‹ bei der Sprache Jesu und der ersten Zeugen fest, und die ihnen anvertrauten Gemeinden dürfen erwarten, daß die Frauen und Männer, die die Heilige Schrift für sie und in ihrem Auftrag jahrelang studiert haben, auch in der Lage sind, ihnen die Sprache der Bibel in den Karfreitagspredigten angemessen aufzuschlüsseln.

VI

Eben diese Erwartung und Aufgabe stürzt heute viele Prediger und Predigerinnen in größte Verlegenheit. Frauen und Männer in kirchenleitenden Positionen gestehen denn auch offen und besorgt ein, daß für eine ganze Anzahl von Pfarrern und Pfarrerinnen der Opfertod und das Kreuz Jesu ›kein Thema mehr seien‹ und sie sich gerade mit der Verkündigung in der Karwoche extrem schwertun. Vor welch große exegetische und hermeneutische Anforderungen die Auslegung hier tatsächlich stellt, ist eingangs skizziert worden.

Der Grund dafür, daß es Pfarrer, Pfarrerinnen und nicht wenige Gemeindeglieder gibt, die mit der Ausdrucksweise und dem Inhalt der Passions- und Kreuzestexte nur noch wenig anfangen können, liegt vor allem in dem erschreckenden Abbruch der sprachlichen und kirchlichen Brücken zwischen der Bibel und der Gegenwart, den man hat geschehen lassen. Noch erschreckender ist der hier nur anzudeutende Umstand, daß sich gerade die evangelische Kirche in den letzten Jahrzehnten immer weniger bereit und fähig gezeigt hat, ihrem ureigensten Ansatz bei Christus, der Schrift und dem Glauben allein zu folgen. Daß angesichts dieser »Bibelnot« (Adolf Schlatter) viele Prediger und Predigerinnen gerade bei der Vorbereitung von Karfreitagspredigten resignieren, ist kein Zufall.

Will man weiterkommen, muß man zunächst einen Doppelschritt wagen: Man muß sich entschlossen von irrigen Denk- und Auslegungsschemata in Hinsicht auf die Passionsperikopen lösen, und, wenn dies geschehen ist, die biblischen Texte und ihr Zeugnis Wort für Wort nachbuchstabieren, so gut das geht.

Was die irrigen Denk- und Auslegungsweisen anbetrifft, geht es zunächst darum, sich nicht von vornherein in modernen (Protest-) Fragen zu verfangen. Gestützt auf 2. Kor 5,19–21; Röm 4,25 und ähnliche neutestamentliche Texte geht die christliche Tradition seit neutestamentlicher Zeit davon aus, daß Gott selbst das Opfer seines Sohnes gewollt hat. Die kritische Gegenfrage: ›Wie konnte Gott das Kreuz zulassen?‹ ist zwar ernst gemeint, aber doch ganz abstrakt gestellt: Während die neutestamentlichen Texte das geschichtlich unverrückbare Geschehen der Kreuzigung Jesu vor Augen haben und ihm im Glauben an Gottes Heilswillen einen positiven Sinn geben, reibt sich die eben zitierte Frage an den konkreten Ereignissen und Fakten in Jerusalem und möchte sie am liebsten nicht wahrhaben. Die Ausleger und Auslegerinnen der Perikopen für Karfreitag kommen nur weiter, wenn sie sich dem Aussagewillen der Texte anschließen und darauf verzichten, sich privat oder öffentlich Gedanken darüber zu machen, ob die Erlösung nicht auch ohne das Kreuz hätte heraufgeführt werden können.

Zu den irrigen Denk- und Auslegungsweisen gehört auch die schier unausrottbare Meinung, bei der Rede von Opfer und Sühne im Alten und Neuen Testament handele es sich um etwas religionsgeschichtlich Überholtes und Primitives.

Diese Meinung wird im Grunde schon durch die Tatsache Lügen gestraft, daß viele Juden bis heute die Abkehr vom biblischen Opfer- und Sühnegedanken nicht mitvollzogen haben. Für sie macht gerade dieser Gedanke die besondere Geschichte ihres Volkes überhaupt erst durchsichtig, und deshalb haben sie sich seit dem letzten Jahrhundert auch allen reformjüdischen Bestrebungen widersetzt, auf die Opfer- und Sühnetraditionen der Bibel zu verzichten.[52] Angesichts dieser Haltung muß man sich ernsthaft fragen, ob die aufgeklärte Kritik an Opfer und Sühne, die immer wieder laut wird, nicht Symptom einer gefährlichen Loslösung von den biblischen Wurzeln ist, die man weder gutheißen kann noch verstärken sollte.

Die Kritik greift aber auch historisch fehl! Zum Beschluß der Sintflutgeschichte aus dem akkadischen Gilgamesch-Epos (aus dem 12. Jh. v. Chr.) heißt es zwar, der Sintflutheld Utnapischtim habe nach seiner Rettung ein Opfer dargebracht: »Je sieben Räucherschalen stellte ich hin / (Und) füllte sie mit Rohr, Zeder und Myrte. / Es rochen die Götter den Duft, / Die Götter rochen den süßen Duft, / Wie Fliegen scharten sich die Götter um den Opfernden.«[53] Roland de Vaux und Gerhard von Rad haben aber längst gezeigt, daß die vergeistigte Opferlehre des Alten Testaments mit diesem urtümlichen Opferdenken in der Umwelt Israels so gut wie nichts mehr zu tun hat. Dies gilt ganz besonders von der seit dem babylonischen Exil wirksamen israelitischen Priestertheologie. Sie folgt nach de Vaux folgender Opfertheorie: »Das Opfer ist der wesentliche Akt des äußeren Kultes. Es ist ein Gebet als Handlung, eine symbolische Handlung, die die inneren Empfindungen des Opfernden und die Antwort, die Gott darauf gibt, wirksam macht. Es läßt sich mit den symbolischen Handlungen der Propheten vergleichen. Durch die Opferriten *ist* die Gabe an Gott angenommen, *ist* die Vereinigung mit Gott gestiftet, *ist* die Schuld des Gläubigen getilgt. Aber es handelt sich nicht um magische Wirkkraft: wesentlich ist, daß die äußere Handlung die wahren Empfindungen des Opfernden ausdrückt und dem Wohlwollen Gottes begegnet.«[54] Gerhard von Rad sieht die Opfertradition ganz ähnlich: »Die Opfer waren und blieben ein Geschehen in einem Bereich jenseits des Menschen und seiner Innerlichkeit, zu dem der Mensch nur wie von außen her den Anstoß geben konnte, dessen Funktionieren aber nicht mehr seinem Vermögen oder Können unterstand; das alles war Jahwe anheimgegeben, der das Opfer annehmen und gelingen lassen konnte. War aber das Opfer ein solches objektives kultisches Geschehen, so müssen sich auch konstituierende Vorstellungen in Israel damit verbunden haben. Es sind das, aufs Ganze gesehen, folgende drei . . . : der Gabegedanke, der Communiogedanke und der Sühnegedanke.«[55] Damit wird Ludwig Köhlers Ansicht unhaltbar, der in seiner Theologie des Alten Testaments noch gemeint hatte, der ganze priesterliche Kult des Frühjudentums sei ». . . eine Anstalt, das zu leisten, was zur Beschwichtigung Gottes dient.«[56] Das hier von Köhler geäußerte Fehlurteil hat mehr als eine Theologengeneration daran gehindert, die alttestamentlich-frühjüdische und von ihr aus auch die neutestamentliche Opferterminologie angemessen zu verstehen. Es ist wirklich höchste Zeit, sich von dieser Sicht freizumachen! Im Gefolge von de Vaux und von Rad ist es für Klaus Koch,[57] Hartmut Gese[58] und Bernd Janowski[59] möglich geworden, die alttestamentliche Denk- und Erfahrungswelt von Kult und Opfer neu zu sehen und zu erschließen: Beim priesterlichen Kult geht es um die sich in Gebet und symbolischen Riten vollziehende Begegnung Gottes mit den Menschen, und diese Begegnung wird ermöglicht durch die Einwohnung Gottes in seinem Haus auf dem Zion in Jerusalem (vgl. z. B. Ps 43,3; 68,17; 132,13f). Es gibt keinen vernünftigen Grund, sich dieser Sicht (und dem aus ihr erwachsenden neuen Verständnis von Sühne, das wir oben nachgezeichnet haben,) zu widersetzen.

Zuletzt aber gilt es bei der Auslegung der Karfreitagstexte, Abschied zu nehmen von einer hermeneutischen Illusion. Sie besteht in der Annahme, die Sprachgestalt der Texte lasse sich von dem Sachverhalt, den sie bezeugen, so weit trennen, daß der Sachverhalt sprachlich auch ganz anders dargestellt werden könne, als es in den Texten des Alten und Neuen Testaments geschieht. Der Sachverhalt des Kreuzesgeschehens ist uns nur *in* der Sprachgestalt des neutestamentlichen Zeugnisses zugänglich, und wenn wir uns von der Sprachgestalt der Texte zu lösen versuchen, löst sich auch der Sachverhalt auf, den die Zeugen bezeugen wollen. Man kann darum die für Karfreitag vorgesehenen Predigttexte nur dann verstehen und für andere Menschen aufschlüsseln, wenn man sich nicht gegen ihre Sprache sperrt, sondern sich durch sie zum Verständnis des Glaubenszeugnisses (nicht nur) der Urchristenheit anleiten läßt. Tut man das und vollzieht die Karfreitagstexte wirklich so nach, wie sie lauten, erweisen sie sich als klassische theologische Lehrstücke dafür, wie die christliche Gemeinde von Uranfang an im Glauben von Gott, seinem Christus, der Sünde und den Menschen vor Gott gesprochen hat und weiterhin sprechen soll, sofern sie sich ihre Glaubensinhalte wirklich durch das Gotteswort der Bibel vorgeben läßt und sie nicht eigenmächtig nach eigenem kritischen Empfinden zurechtstutzt. Wie schon Luther wußte, ist die Bibel ihr bester eigener Interpret, wenn man sie nur ausreden läßt!

Mit dem bisher Gesagten ist nun allerdings die Aufgabe, die Karfreitagstexte katechetisch und homiletisch aufzuschließen, noch nicht gelöst. Wenn es darum geht, die Texte zu erschließen, gibt es nur den Weg, sich nach einigen systematisch-theologischen und hermeneutischen Überlegungen den biblischen Zeugnissen anzuvertrauen, und zwar in der Gewißheit, daß – wie Martin Luther schreibt – »die heilige Schrifft ein solch Buch ist, das aller ander Bücher weisheit zur narrheit macht, weil keins vom ewigen leben Leret on dis allein.«[60] Oder noch einmal anders ausgedrückt: Der reformatorische Bekenntnissatz, »daß die einige Regel und Richtschnur, nach welcher zugleich alle Lehren und Lehrer gerichtet und geurteilet werden sollen, seind allein die prophetischen und apostolischen Schriften Altes und Neues Testamentes«,[61] gibt den Predigern und Predigerinnen die biblischen Texte als maßgebliche Glaubenszeugnisse vor, entlastet sie aber gerade an Karfreitag auch davon, von sich selbst, ihren Einfällen und Erfahrungen reden zu müssen. Sie dürfen vielmehr weitersagen, was ihnen als Gottes Wort in den Texten der Bibel vorgesagt wird. Die Pfarrer und Pfarrerinnen haben die Torheit und das Ärgernis des Wortes vom Kreuz nicht selbst zu verantworten, sondern dürfen sich darauf verlassen, daß diese Torheit im Endeffekt weiser und mächtiger ist als alles, was Menschen von sich aus zur Passion Jesu sagen könnten und können (vgl. 1. Kor 1,18.23.25). Allerdings hat schon Paulus darauf hingewiesen, daß die Identifikation mit dem Wort vom Kreuz die Zeugen ins Leiden führt (vgl. 1. Kor 4,9–13), und daran hat sich bis heute nichts geändert.

Hat man sich dies klargemacht, ist zunächst zu bedenken, daß die Sühne- und Opferkategorien sowohl in den uns erhaltenen Jesusworten als auch im nachösterlichen Glaubenszeugnis der Jesuszeugen *metaphorisch* verwendet werden. Es handelt sich um Interpretamente, die dem Ereignis der Lebenshingabe Jesu am Kreuz nach Auffassung der biblischen Erstlingszeugen durchaus entsprechen, zugleich aber auch von ihm aus neu gefüllt worden sind. Die Metaphern weisen die Prediger und Predigerinnen in die

Aufgabe ein, vom Handeln Gottes durch Jesus und das Kreuz Jesu so zu sprechen, daß dieses Handeln als Tat der heiligenden Liebe Gottes für all die Menschen transparent wird, die sich angesichts des herannahenden Endgerichts nicht selbst helfen und in die Gottesherrschaft eingehen können. Sie können sich als Sünder weder aus eigener Kraft von den Folgen ihrer Unheilstaten und aus ihrer Verfallenheit an Unheiligkeit und Ungerechtigkeit befreien, noch haben sie vor dem Richterthron Gottes etwas vorzuweisen, was sie in Zeit und Ewigkeit entlasten und zu ihrem Freispruch führen könnte. In dieser Ausweglosigkeit kommt ihnen der von Gott verfügte Opfertod Jesu am Kreuz nach biblischer Vorstellung dadurch zugute, daß sie in Jesus Christus einen göttlichen Fürsprecher gewinnen, der sein stellvertretendes Sterben für die angeklagten Sünder geltend macht und durch dieses Plädoyer ihre Rechtfertigung erwirkt. Eben dieser Fürsprecher ist für die Glaubenden von Ostern an bis zu seiner Wiederkunft auch der »Immanuel« und »Herr«, der sie anleitet, vor ihm und mit ihm den »Weg der Gerechtigkeit« (Mt 21,32) zu gehen (vgl. Mt 1,23; 28,20).

Es ist christologisch kein Zufall und sollte auch homiletisch nicht übersehen werden, daß Jesus Christus im Neuen Testament nirgends nur als Märtyrer der gerechten Sache Gottes dargestellt wird. Er ist immer der Fleisch gewordene Gottessohn, der um seines Opfertodes willen der messianische Erstgeborene von den Toten geworden ist (vgl. Kol 1,18; Offb 1,5). Paulus stellt in Röm 5,6–8 Gottes Tat der Hingabe seines geliebten Sohnes in den Tod mit gutem Grund als ein unerhörtes Ereignis dar, das alles Märtyrertum und allen Heroismus in den Schatten stellt. Luther hat dies aufgenommen und davor gewarnt, aus Jesus nur ein ethisches Exempel zu machen; vom vorbildlichen Wirken Jesu und seinem Ruf in die Nachfolge soll man nach Luther erst reden, wenn man zuvor begriffen und klargestellt hat, daß Christus der Retter und Erbarmer ist.[62] An diesem Rat ist nichts veraltet! Gleichwohl braucht an Karfreitag vom Thema der Kreuzesnachfolge nicht geschwiegen zu werden. Jesu Sprüche vom Kreuztragen (Lk 14,25–27Par) gewinnen vielmehr gerade von seiner Passion her ihren tiefsten Sinn, und ebenso steht es mit der Mahnung des

Hebräerbriefes, die Gemeinde solle zu dem vor den Toren Jerusalems Gekreuzigten »hinausgehen und seine Schmach tragen« (Hebr 13,13)! Am Weg des Petrus (vgl. Apg 12,1–19; Joh 21,15–19) und des Paulus (vgl. 2. Kor 1,5; 11,24–29; Apg 21,27–36; 23,12–35), an der Steinigung des Herrenbruders Jakobus im Jahre 62 n. Chr. und an der Vertreibung des Johanneskreises aus der Synagoge (vgl. Joh 9,22; 12,42; 16,2) kann man konkret ablesen, was das Tragen der Schmach Christi urchristlich bedeutet hat.

Der Karfreitag hat als Großer Versöhnungstag der Christenheit (Jürgen Roloff) dem Opferkult im Tempel ein für allemal ein Ende bereitet. Seither sind alle Opfer- und Sühnevorstellungen im christlichen Raum »durch die ausschließliche Beziehung auf Jesus Christus als selbstverständliche religiöse Riten erloschen.«[63] Die jüdische Hoffnung auf eine Neuerrichtung des Tempels und die Wiederaufnahme des Opferkults, wie sie z. B. Theodor Herzl gehegt hat und wie sie bis heute in einigen jüdischen Gruppen lebendig ist, kann und braucht von Christen nicht geteilt werden. Unter diesen Umständen kann man nichts Besseres tun, als den Gemeinden an Karfreitag die Geschehnisse auf Golgatha und die zu ihrem Verständnis nötigen biblischen Denkweisen auf dem Wege der historischen Nacherzählung und Erinnerung klarzumachen.

Tut man dies, bedient man sich einer uralten hermeneutischen Methode, die in Israel unter dem Stichwort ›Gedächtnis‹ bis heute geübt wird und auch Christen von Lk 22,19; 1. Kor 11,24 –25 her nicht fremd sein sollte. Jedes Passafest steht in Israel im Zeichen der Regel aus mPes 10,5: »In jeder Generation ist der Mensch verpflichtet, sich selbst so anzusehen, wie wenn er (selbst) aus Ägypten gezogen wäre; denn es heißt: ›Wegen dessen, was der Herr *mir* getan hat, als *ich* aus Ägypten zog‹ (Ex 13,8).« Passa wird deshalb in einer bewußten »Horizontverschmelzung« (H. G. Gadamer) von Gegenwart und Vergangenheit gefeiert: Die Mahlfeier beim Exodus bestimmt die Gegenwart, und die Gegenwart erscheint als eingestiftet in den Bericht aus 2. Mose 12,1–14. Ganz analog können und sollen Christen nicht nur das Herrenmahl begehen, sondern sich auch in den Passionsberichten wiederfinden lernen.

Mit den Szenen vom Sterben Jesu am Kreuz, Mt 27,45–49; Lk 23,44–46 und Joh 19,28–30, sollte man so behutsam wie möglich umgehen. Sie widersetzen sich alle der immer wieder einmal geäußerten kritischen Vermutung, Jesus könne am Kreuz auch an der ihm aufgetragenen Sache und Gott verzweifelt sein.[64] Wenn Jesus in Mt 27,46 (Mk 15,34) Ps 22,2 in den Mund gelegt wird und er nach Lk 23,46 mit Ps 31,6 auf den Lippen stirbt, ist der judenchristliche Abbreviaturstil dieser Schilderungen zu beachten. Bei Matthäus (und Markus) soll dem Leser angedeutet werden, daß Jesus unter dem Gebet des ganzen 22. Psalms gestorben ist, d. h. im Zeichen der anfänglichen Todesklage, die von 22,23 an in den Jubel über die Errettung aus dem Tode übergeht; der Kontext von Ps 31,6 zeigt, daß es bei Lukas nicht anders steht. Jesus stirbt nach den Synoptikern in getroster Verzweiflung, d. h. in der Gewißheit, daß die über ihn verhängte Gottesferne der Gottesnähe des ewigen Lebens Raum geben wird und muß.

Die in Mt 27,47–49 (Mk 15,35–36) eingeschobene Szene vom angeblichen Ruf Jesu nach Elia will nicht nur ein spöttisches Mißverständnis des aramäischen Gebetsrufes von Ps 22,2 signalisieren, sondern soll noch einmal Jesu Hilflosigkeit herausstellen. Nach frühjüdischer Ansicht weilt Elia nach seiner Entrückung (vgl. 2. Kön 2,11; Sir 48,9.12) bis zum Anbruch der Endzeit in der himmlischen Welt und erscheint von dort den Armen und Sterbenden als Nothelfer. Daß Jesus solche Hilfe nicht zuteil wird, erweist ihn in den Augen seiner Gegner vollends als ›Verführer‹ (s. o.). Für die christlichen Leser signalisiert die Szene mit dem unmittelbar an sie anschließenden Todesschrei Jesu Mt 27,50 (Mk 15,37), daß Jesus nicht nur zum Schein, sondern wirklich am Kreuz gestorben ist (vgl. so auch Joh 19,34).[65]

Das johanneische Sterbewort Jesu »es ist vollbracht« (Joh 19,30) hat eine doppelte Konnotation. Es läßt sich sehr schön von Jes 55,11 her deuten: Nachdem der Christus, der nach Joh 1,1–18 Gottes Schöpferwort in Person ist, sein Werk vollendet hat, kehrt er zu seinem Vater zurück in der Gewißheit, seine Sendung vollendet zu haben.[66] Gleichzeitig aber ist auch an 1. Mose 2,1–2 zu erinnern: Der Logos hat das Werk der Erlösung und Neuschöpfung vollbracht, und nun winkt ihm die wohlverdiente Ruhe, aus der er zu seinem himmlischen Vater zurückkehren wird in die Ursprungsherrlichkeit.[67]

Da das Johannesevangelium im Unterschied zu den Synoptikern davon ausgeht, daß Jesus noch am Karfreitag ein vollständiges Begräbnis erhalten hat (vgl. Joh 19,38–42), ist der Bezug von Joh 19,30 auf 1. Mose 2,1–2 nicht von der Hand zu weisen.

Das Kreuzesgeschehen wird im Neuen Testament einige wenige Male mit Metaphern umschrieben, die bloß mittelbar mit dem Vorstellungskomplex von Opfer und Sühne zusammenhängen: In Lk 24,26.44 wird der Leidensweg unter das Vorzeichen des göttlichen »Muß« gestellt: Nach dem Zeugnis des Mose (vgl. z. B. 4. Mose 21,8–9; 5. Mose 18,18), der Propheten (vgl. z. B. Jes 43,3–5; 52,13–53,12; Sach 13,7) und der Psalmen (vgl. z. B. Ps 22; 69; 89,28; 110,1; 118,22) ist der Weg des Christus in den Tod und durch ihn hindurch zur Herrlichkeit des »Sohnes Gottes in Macht« (Röm 1,4) in den von Gottes Geist inspirierten Heiligen Schriften vorgezeichnet, so daß sich die Gemeinde vom Alten Testament her verdeutlichen kann (und soll), wie der Opfergang und die Auferstehung Jesu von Gott her zu werten sind (vgl. Röm 15,4).[68] – In Joh 12,24 wird Jesu Tod durch das Bildwort vom Weizenkorn erläutert, das nur dann Frucht trägt, wenn es in die Erde fällt und dort (nach antiker Auffassung) »stirbt«. – Apg 3,15 nennt Jesus »den (messianischen) Anführer des Lebens«, den seine Gegner getötet, Gott aber auferweckt habe (vgl. ähnlich Apg 5,31), und in 2. Tim 1,10 sowie in Offb 1,18 wird Christus als Sieger über den Tod gepriesen. Es muß an Karfreitag also nicht unbedingt und jederzeit von Sühne, Opfer, Lösegeld, Blut (Christi) oder Existenzstellvertretung die Rede sein. Aber es ist sorgsam darauf zu achten, daß die eben genannten Stellen nicht doch indirekt zum Alibi für solche Ausleger und Auslegerinnen werden, die sich darauf versteifen, daß die biblische Sühnevorstellung unverständlich geworden und der Gemeinde nicht länger zuzumuten sei. Modernes Unverständnis kann hermeneutisch nicht über die Angemessenheit und Maßgeblichkeit der biblischen Textvorlagen entscheiden![69] Vor allem aber sollte der Hinweis auf die Pluralität der neutestamentlichen Interpretamente für Jesu Kreuzestod[70] nicht verdecken, daß sie alle sehr eng zusammenhängen und sich von den Jesuslogien Mk 10,45 (Mt 20,28) und Mk 14,22–24Par sowie dem alten Jerusalemer »Evangelium«, das Paulus in 1. Kor 15,3b–5 zitiert, her systematisch ordnen. Es handelt sich nicht um unterschiedliche, gleich wichtige und zugleich vorläufige Deutungsmuster, sondern um Metaphern, die dem Leitgedanken des stellvertretenden Sühnetodes Jesu zugeordnet sind.

Exegetisch und hermeneutisch ist ferner Friedrich Mildenbergers Rat zu bedenken, die Passions- und Opfertexte auch an Karfreitag nicht völlig vom Osterzeugnis abzutrennen.[71] Erst angesichts des am Ostermorgen von den Frauen geöffnet und leer aufgefundenen Grabes und aufgrund der Erscheinungen Jesu vom Himmel her vor Petrus, den Zwölfen und anderen Zeugen ist es dem Urchristentum möglich geworden, in Jesu Kreuzestod den Tod des Todes und das Ende der Sündenherrschaft zu erkennen. Die Osterbotschaft wirft zwar wieder neue Interpretationsprobleme auf. Aber sie gibt den Karfreitagstexten, die von Jesu Tod sprechen, ihre soteriologische Bedeutung und ihre verheißungsvolle Zukunftsperspektive. Karfreitag ist nach neutestamentlichem Zeugnis kein bloßer Trauertag, sondern der Todestag Jesu, der auf Ostern hinweist (vgl. Mk 8,31 Par; 9,31Par; 10,34Par; 14,27–28Par), und die Grabesruhe des Gekreuzigten von Karfreitagabend bis zum Ostermorgen ist die Zeit, in der Jesus zu den Toten fuhr, um auch noch denen das Evangelium zu bringen, die es auf Erden nicht vernehmen konnten (vgl. Röm 10,7; 1. Petr 3,18–19). Oder systematisch formuliert: »... mit der Errettung Jesu aus dem Tod in dessen letzter Tiefe hat Gott den Tod in sich aufgenommen, in sich selbst hineingenommen, weil er eben den auferweckte, der an seiner Stelle zu reden und zu handeln beansprucht hatte und deshalb den Tod erfuhr. Gott hat sich, seine Ehre, sein Recht und sein Leben, in die Entehrung, Entrechtung und den Tod Jesu verwickelt. So entspricht der Höhe des Anspruchs Jesu die Tiefe des Todes Gottes. Damit, daß sich Gott auf den Tod Jesu einließ, ließ er sich *ganz* auf Jesus ein.«[72]

Wenn in Joh 3,14; 8,28; 12,32 Jesu Kreuzigung schon als seine sieghafte »Erhöhung« gedeutet wird, gewinnt bereits der Karfreitag den Charakter des Tages, an dem Jesus den Sieg über den Tod erstritten hat. Auf dieselbe Spur weist Mt 27,51–53: Mit Jesu Tod am Kreuz zerreißt der Vorhang vor dem Allerheiligsten (s. o.) und bricht die Stunde der endzeitlichen Auferweckung der Toten an (vgl. Jes 26,19; Dan 12,2).

Die christliche Ikonographie legt an den Fuß des Kreuzes Jesu gern einen Totenschädel. Dies soll nicht etwa nur ein Hinweis darauf sein, daß das Kreuz auf Golgatha, der »Schädelstätte« (Mt 27,33), stand. Es soll vielmehr verdeutlichen, daß Jesus über dem Grab Adams gekreuzigt wurde und der Stammvater des Menschengeschlechts durch Jesu stellvertretendes Sterben von der Macht des Todes erlöst worden ist. Interessanterweise läßt sich dieses Motiv bis in die Jerusalemer Grabeskirche, ja sogar in die Zeit vor der Zerstörung Jerusalems durch Titus im Jahre 70 zurückverfolgen. Am Fuß des von der Grabeskirche überbauten Golgathafelsens befindet sich heute die (wenig beachtete) Adamskapelle. Diese Kapelle ist das späte Pendant zu einer in die Ostseite des Golgathafelsens auf halber Höhe eingeschnittenen Adamsgrotte, die vor einigen Jahren bei Ausgrabungen freigelegt worden ist. In dieser Grotte haben Judenchristen wahrscheinlich schon vor der Zerstörung Jerusalems das Grab Adams gesehen und den Sieg Jesu über den Tod gefeiert.[73]

Jede Karfreitagspredigt muß in einer ganz spezifischen Situation entworfen und gehalten werden und bedarf deshalb einer jeweils neuen, eigenständigen Meditation und Verantwortung. In keiner dieser Predigten kann das Thema des Opfertodes Jesu am Kreuz voll ausgeschöpft werden, sondern es ist immer nur möglich, einen Teilaspekt dieses Themas so zur Sprache zu bringen, daß das ganze Heilsgeschehen in den Blick kommt. Unter diesen Voraussetzungen seien jetzt nur noch drei Interpretationsfiguren skizziert, denen die Passionsandachten in der Karwoche und die Predigt an Karfreitag folgen können.

Gisela Kittel ist in ihrer lesenswerten »didaktischen Reflexion« über »Die biblische Rede vom Sühnopfer Christi und ihre unsere Wirklichkeit erschließende Kraft«[74] der theologischen Kritik und

Resignation an den christologischen Sühne- und Opfertexten entgegengetreten. Im Anschluß an Ingo Baldermann[75] hat sie dazu geraten, »die Sprache der Bibel neu zu lernen«, denn »wir haben die Botschaft des christlichen Glaubens nur im Gefäß der biblischen Sprache und können sie auch nur – aus diesem Gefäß schöpfend – weitersprechen.«[76] Für Frau Kittel bedeutet das, im Schulunterricht den Erfahrungsgrund der biblischen Texte aufzuspüren, die Gegenwart in diesem Erfahrungsgrund wiederzuerkennen und dann die Texte zu nutzen, um zusammen mit den Schülern und Schülerinnen (ihre) gegenwärtige(n) Nöte und Hoffnungen zu artikulieren. Auch die Andachten während der Karwoche bieten hervorragende Gelegenheit, die Textwelt der Passionsgeschichte(n) in solch katechetisch engagierter Weise in den Gemeinden neu zu lesen und aufzuschließen.

Eine Bibelwoche in der Passionszeit läßt sich sehr gut und sinnvoll mit einer Auslegung von Jes 52,13–53,12 beginnen. Anschließend kann man während einer solchen Woche die Passionsgeschichte eines Evangeliums insgesamt lesen. Erfahrungsgemäß wollen ja gerade die sog. Laien in den Gemeinden gerade während der Karzeit nicht einfach nur Erbaulichkeiten oder Assoziationen zu den Passionstexten vorgesetzt bekommen, sondern solide Auskünfte über Jesus, seinen Prozeß, sein Leiden und die Osterbotschaft erhalten. Weil sie diesen Wunsch haben, besteht während einer Bibelwoche in den Wochen vor Ostern, wo jeder und jede den Schrifttext vor sich hat, Rede und Widerrede möglich sind und liegengebliebene Fragen am nächsten Tag noch einmal aufgenommen werden können, die kostbare Chance, die Gemeinde wieder in das Verständnis von Opfer und Sühne im Alten und Neuen Testament sowie in Jesu Todesverständnis einzuführen und ihr Gelegenheit zu geben, den Leidensweg Jesu nach- und mitzugehen.

Das Verständnis für die Passion wird in ganz besonderem Maße geweckt, wenn der Abend des Gründonnerstags genutzt wird, um während der Feier des Herrenmahls das in Lk 22,19 und 1. Kor 11,24.25 befohlene »Gedächtnis« (s. o.) zu üben und »den Tod des Herrn« dadurch zu verkündigen (1. Kor 11,26), daß die Passionsgeschichte eines Evangeliums Abschnitt für Abschnitt von den

Gemeindegliedern laut vorgelesen wird. Der Kurztext aus Mk 14,1–16,8 eignet sich für eine solche Lesung ganz besonders gut und kann, unterbrochen von einigen Liedstrophen, bequem in 35 Minuten vorgetragen werden. Bei diesem Abendmahlsgedächtnis können sich die Glieder der Gemeinde, die das Mahl heute und hier am Tisch des gekreuzigten und auferstandenen Herrn feiern, zugleich als Teilhaber an der Tischgemeinschaft Jesu mit den Zwölfen in jener Nacht, in der er ausgeliefert wurde (1. Kor 11,23), erfahren. Die Geschichte des Leidens Jesu, durch die Gott die endzeitliche Errettung der Glaubenden heraufgeführt hat, wird bei solcher Art von Mahlfeier zum Rahmen, in dem man miteinander vor Gott nicht nur des Heilstodes gedenkt, sondern auch seiner Auferstehung, sich durch den Auferstandenen zu Tischgenossen erwählt und auf den Weg der (Kreuzes-)Nachfolge gerufen weiß (vgl. Offb 3,20). In dieser Situation hat man auch allen Anlaß, miteinander mit dem Ruf »Maranatha«, d. h. »Unser Herr, komm!« (vgl. 1. Kor 16,22; Offb 22,20), die Wiederkunft Jesu zu erflehen, weil sie das definitive Ende von Leiden, Not und Tod mit sich bringen wird.

Wie wir eingangs betont haben, halten Rudolf Bohren und Friedrich Mildenberger die Nacherzählung der Passion für eine der besten Weisen, in der an Karfreitag über die vorgesehenen Perikopentexte gepredigt werden kann. Joh 19,16–30; Lk 23,33–49 und Mt 27,33–51(52–54) laden zu solchem Vorgehen denn auch förmlich ein, weil sie selbst Gottes Heilswerk in Jesu Leidensweg erzählend bezeugen. Wagt man sich an die Nacherzählung, braucht man die Strittigkeit der Ereignisse und die zwiespältige Haltung von Juden und Heiden gegenüber Jesus durchaus nicht zu verschweigen, sondern kann die Hörer und Hörerinnen der Predigt durch das Aufzeigen der verschiedenen Urteile über Jesus und sein Kreuz zur Identifizierung mit den handelnden Personen und zur Stellungnahme einladen.

Dabei muß man allerdings auch zusammen mit der Gemeinde bedenken, daß Mt 27,24–25 in den anderen Evangelien keine Parallele hat und heute nicht mehr einfach nachgesprochen werden darf. Der Ruf »Sein Blut komme über uns und unsere Kinder« ist vor allem in Osteuropa immer wieder zum Ansporn von Judenpogromen in der Karwoche geworden. Angesichts dieser mörderischen Instrumentalisierung muß man heute sehr zurückhaltend mit dem Matthäusbericht umgehen.

Die restlichen Karfreitagsperikopen lassen sich nicht nacherzählen, sondern nur argumentativ interpretieren. Man kann dabei – erstens – vom Erleiden und Durchschreiten der Todesgrenze durch Jesus sprechen und deutlich machen, daß angesichts seines Todes, seiner Auferweckung und Erhöhung die Glaubenden wirklich keine Macht der Welt mehr von der Liebe Gottes trennen kann, die in Jesu Person und Opfergang geschichtliche Wirklichkeit geworden ist (vgl. Röm 8,38–39). – Man kann – zweitens – auch aufzeigen, daß der lebendige Gott, der die Toten lebendig macht (Röm 4,17), im Gekreuzigten nach uns sucht und uns durch ihn, den »Erstgeborenen von den Toten« (Kol 1,18; Offb 1,5), die Hand reicht durch das Gericht der Gottesferne und alle Todesqual hindurch. – Man kann sich schließlich – drittens – an das Vorbild von Luthers herrlichem Lied »Nun freut euch, lieben Christen g'mein …« (EKG 239; EG 341) halten und die in diesem Choral (von Gal 4,4 her) entfaltete Tradition von der Sendung Jesu zu unserer Errettung und vom ›seligen Tausch‹ zwischen seiner Gerechtigkeit und unserer Ungerechtigkeit neu entfalten (vgl. 2. Kor 5,21).

Es könnte sich sogar nahelegen, zu Karfreitag auch einmal eine ganze Predigt über dieses Lied zu halten, das Luther 1523/24 als sog. Kontrafaktur auf das zur Osterprozession gesungene Lied »Nun freut euch, alle Christenheit, daß Christ ist auferstanden« entworfen hat. Luther hat in ihm die Karfreitags- und Osterbotschaft in genialer Weise verbunden, und seit 1529 gilt der Choral mit Recht als »Deutelied« zum Glaubensbekenntnis.[77]

In jedem der angedeuteten Fälle werden die Hörer und Hörerinnen der Predigt eingeladen, das Karfreitagsgeschehen als Gotteshandeln »für uns« zu begreifen, sich in ihm wiederzufinden und so die Zuversicht zu gewinnen, daß auch und gerade sie von Gott in Christus und um seinetwillen angenommen und neu auf den Weg der Nachfolge und des Lebens gestellt werden.

Diejenigen, die sich bei der Predigt an Karfreitag wirklich den biblischen Texten anvertrauen und sie so weitersagen, wie sie ihnen vorgegeben sind, tun sich selbst und ihren Gemeinden den besten homiletisch möglichen Dienst und dürfen die Wirkung des »Wortes vom Kreuz« getrost dem Gott überlassen, der durch das Wort der Schrift auch in unsere Gegenwart hineinspricht und auf diese Weise Menschen zu Jesus zieht (vgl. Joh 6,44). Das Kreuz, von dem sie zu sprechen haben, ist – biblisch-theologisch gesehen – ein Doppelsymbol. Es steht einerseits für das Todesleiden Jesu, paulinisch gesprochen für den Fluch des Gesetzes über die Sünde, den Jesus stellvertretend »für uns« getragen hat (vgl. Gal 3,13), und es ist zugleich der Schandpfahl, der dem Auge des Glaubens als der Ort erscheint, an dem »der Herr der Herrlichkeit« den Sieg über den Tod errungen hat (vgl. 1. Kor 2,8); deshalb wagt das vierte Evangelium von der sieghaften Erhöhung Jesu ans Kreuz zu sprechen (vgl. Joh 3,14; 12,32–33). Beide Male ist das Kreuz ein endzeitliches und kein nur moralisches Wahrzeichen.[78]

Theo Sorg

———

Predigten

Das Kreuz – Fixpunkt im Leben

Johannes 19,16–30

Pilatus überantwortete ihnen Jesus, daß er gekreuzigt würde. Sie nahmen ihn aber, und er trug sein Kreuz und ging hinaus zur Stätte, die da heißt Schädelstätte, auf hebräisch Golgatha. Dort kreuzigten sie ihn und mit ihm zwei andere zu beiden Seiten, Jesus aber in der Mitte. Pilatus aber schrieb eine Aufschrift und setzte sie auf das Kreuz; und es war geschrieben: Jesus von Nazareth, der König der Juden.

Diese Aufschrift lasen viele Juden, denn die Stätte, wo Jesus gekreuzigt wurde, war nahe bei der Stadt. Und es war geschrieben in hebräischer, lateinischer und griechischer Sprache. Da sprachen die Hohenpriester der Juden zu Pilatus: Schreib nicht: Der König der Juden, sondern, daß er gesagt hat: Ich bin der König der Juden. Pilatus antwortete: Was ich geschrieben habe, das habe ich geschrieben.

Als aber die Soldaten Jesus gekreuzigt hatten, nahmen sie seine Kleider und machten vier Teile, für jeden Soldaten einen Teil, dazu auch das Gewand. Das war aber ungenäht, von oben an gewebt in einem Stück. Da sprachen sie untereinander: Laßt uns das nicht zerteilen, sondern darum losen, wem es gehören soll. So sollte die Schrift erfüllt werden, die sagt (Psalm 22,19): »Sie haben meine Kleider unter sich geteilt und haben über mein Gewand das Los geworfen.« Das taten die Soldaten.

Es standen aber bei dem Kreuz Jesu seine Mutter und seiner Mutter Schwester, Maria, die Frau des Klopas, und Maria von Magdala. Als nun Jesus seine Mutter sah und bei ihr den Jünger, den er lieb hatte, spricht er zu seiner Mutter: Frau, siehe, das ist dein Sohn! Danach spricht er zu dem Jünger: Siehe, das

ist deine Mutter! Und von der Stunde an nahm sie der Jünger
zu sich.

Danach, als Jesus wußte, daß schon alles vollbracht war,
spricht er, damit die Schrift erfüllt würde: Mich dürstet. Da stand
ein Gefäß voll Essig. Sie aber füllten einen Schwamm mit Essig
und steckten ihn auf ein Ysoprohr und hielten es ihm an den
Mund. Als nun Jesus den Essig genommen hatte, sprach er: Es ist
vollbracht! und neigte das Haupt und verschied.

Ein kleines Erlebnis als Anfang! Ein Mitarbeiter hat es mir vor
einigen Tagen erzählt. Er, ein hochgewachsener Mann, war wegen
eines Bandscheibenschadens beim Physiotherapeuten zur Behand-
lung. Der gibt ihm den Rat: »Schreiben Sie auf einen Zettel das
Wort: »Aufrecht!« und heften Sie ihn gegenüber Ihrem Schreib-
tisch an die Wand. Jedes Mal, wenn Sie diesen Zettel sehen, rich-
ten Sie sich auf. Denn einen Fixpunkt muß der Mensch haben,
sonst sackt er in sich zusammen.«

»Einen Fixpunkt muß der Mensch haben!« Dieser Satz geht
seitdem mit mir. Und nun gebe ich ihn weiter: Wir haben ihn,
diesen Fixpunkt, liebe Gemeinde. Einen Fixpunkt, an dem wir uns
aufrichten können. Unser Fixpunkt ist der crucifixus, der Gekreuzigte, dessen Abbild unübersehbar groß in unseren Kirchen hängt,
auch in dieser. Der Blick auf das Kreuz richtet uns auf. Denn an
diesem Kreuz ist etwas geschehen, das für unser Leben und für die
ganze Welt von fundamentaler Bedeutung ist.

Normalerweise haben wir andere Fixpunkte im Leben. Glücks-
erwartungen, Erfolgserlebnisse – das sind Punkte, auf die wir
fixiert sind. Und wie vieles setzen wir ein, um sie zu erreichen!
Der letzte Fixpunkt unseres Lebens ist der Tod. Dafür müssen wir
nichts einsetzen, er kommt von selbst. Er holt uns ein, den einen
früher, die anderen später. Das Sterben ist der sicherste Punkt
unseres Lebens. Tagtäglich erfahren wir das. Noch haben wir es
vor Augen, das Sterben der Tausende im Golfkrieg und den Tod
der Cholerakranken in Peru. Mit Schrecken hören wir von neuen
Massakern in Südafrika und von zunehmenden Todesziffern auf
unseren Autobahnen. Pausenlos wird gestorben auf dieser Welt.

Und einmal erreicht der Tod auch uns, jeden, jede. Jeder stirbt seinen eigenen Tod. So verschieden unser Sterben auch geschehen mag, kein Sterben ist wie dieses eine, von dem uns das Evangelium berichtet, das Sterben Jesu am Kreuz. Dieses Sterben hat eine andere Qualität als unser Sterben, so wie auch Jesu Leiden nicht einfach mit den Leiden der Menschheit gleichgesetzt werden kann. Weder mit dem in der Golfregion, noch mit dem, das in den Hunger- und Elendsgebieten unserer Erde geschieht. Hinter dem Sterben Jesu am Kreuz öffnet sich eine Dimension, die weit über das hinausreicht, was wir beim Sterben von Menschen erfahren. Darum darf dieser Tod nicht nur beschrieben, er muß gedeutet werden.

Das vierte Evangelium gibt uns eine Deutung dieses Todes. Sie ist zusammengefaßt in dem letzten Wort des sterbenden Jesus: »Es ist vollbracht!« In der Muttersprache Jesu ist das nur ein einziges Wort. Aber in diesem einen Wort ist das Heil der ganzen Welt und unsere ewige Errettung beschlossen. Dieses Wort, dieses Bild – das ist der Fixpunkt, an dem wir uns heute, am Karfreitag, aufrichten wollen und auf den wir unser Leben ausrichten sollen.

Ich will die Botschaft unseres Bibelabschnitts in drei Schritten zu erläutern suchen.

I. Durch Jesu Sterben – neues Leben

Aus den Einzelheiten des Berichts, den uns der vierte Evangelist über das Sterben Jesu gibt, wird deutlich: Hier stirbt nicht einfach ein Mensch, hier stirbt mehr als ein Mensch. Hier stirbt Jesus, Gottes Sohn. Durch seinen Tod am Kreuz ist das Werk der Versöhnung zwischen Gott und den Menschen vollendet. Der ferne Gott ist uns ganz nahe gekommen. Bis in das Tal der Tränen und des Todes ist er uns nachgegangen, in Jesus, seinem Sohn. Er hat unser Leidens- und Todesschicksal auf sich genommen. Er wurde der Unsere, damit wir die Seinen werden können.

Nun kann unser Leben einen neuen Fixpunkt gewinnen, das Kreuz des Gottessohnes, das seit jenem Geschehen in Jerusalem über dieser Welt aufgerichtet steht. Dort ist die Stätte der großen Entlastung. Dort können wir die Altlasten unseres Lebens entsorgen lassen, alles, was den Grund unseres Lebens vergiftet, unseren Egoismus, unsere Rücksichtslosigkeit, unser Machtstreben, unsere Eitelkeit, unser empfindliches und unduldsames Wesen, alle Schuld, die auf unserem Leben liegt. Wir müssen uns die Frage nach der Schuld und ihrer Bewältigung nicht länger verbieten. Wir brauchen das Spiel des Vergessens, des Verdrängens und des Abschiebens nicht weiter mitzuspielen, so wie alle Welt das tut, wenn sie – wie wir es in den letzten Monaten in abstoßender Deutlichkeit erlebt haben – mit spitzem Finger stets auf andere zeigt und mit schneller Zunge immer andere beschuldigt. Wir dürfen uns, um mit Dietrich Bonhoeffer zu reden, darauf verlassen, daß Gott am Kreuz seines Sohnes Nein gesagt hat zur Sünde, aber zugleich Ja zum Sünder. Damit hat er uns eine neue Lebensmöglichkeit eröffnet, das Leben als Entlastete, als Menschen, die in einer gnadenlosen Welt unter der Gnade Gottes stehen, weil sein Sohn für uns durch das Gericht gegangen ist. Durch Jesu Sterben neues Leben.

II. Durch Jesu Sterben – neue Gemeinschaft

Was an jenem ersten Karfreitag geschah, geht uns nicht nur als Einzelne an. Es will Einfluß nehmen auf unsere Beziehungen untereinander. Fast beiläufig wird in der Passionsgeschichte des Johannes erzählt, wie der am Kreuz leidende Jesus seine Mutter und seinen Jünger zueinander weist: »Siehe, das ist dein Sohn . . . , siehe, das ist deine Mutter!« Hier wird die Versöhnung, die Gottes Sohn vollbracht hat, auch auf unsere menschlichen Beziehungen ausgedehnt, die ja so häufig gestörte und versehrte Beziehungen sind, sei es zwischen einzelnen Menschen, zwischen gesellschaftlichen Gruppen oder zwischen Völkern und Rassen. Darum werden unter Jesu Kreuz zwei Menschen zueinander gewiesen und füreinander verantwortlich gemacht, die durch Bande des Blutes nicht zusammengehören. Sie sind fortan verbunden in einer neuen Gemeinschaft, die der sterbende Jesus gestiftet hat.

Was damals unter dem Kreuz geschah, will sich auch unter uns fortsetzen. Jesu versöhnendes Handeln will unsere Ichbezogenheit durchbrechen, es will Vorurteile beseitigen und Gedankenlosigkeiten korrigieren. Es will Menschen zueinander führen und beieinander halten, die sich auseinandergelebt haben: Eheleute, die meinen, nicht mehr miteinander zu können, Eltern und Kinder, die an ihrem so unterschiedlichen Lebensstil schwer tragen. Es will uns öffnen für die Fremden, die heute als Ausländer oder Asylanten bei uns leben, und für die Freunde, die nach der Vereinigung der getrennten deutschen Staaten jetzt wieder ganz zu uns gehören und die mit Recht die gleichen Erwartungen an das Leben haben wie wir. Und ganz gewiß sprechen die Worte Jesu, mit denen er Menschen zueinander weist, auch in die politische Großwetterlage unserer heutigen Welt hinein. Sie wollen Vorurteile und Feindbilder abbauen, sie sagen den gängigen Parolen des Mißtrauens und des Hasses, der Ausgrenzung und Diffamierung den Kampf an, und sie werben zugleich für Verständnis zwischen den westlichen und den östlichen Bundesländern und für Frieden auch in den Gebieten des europäischen Ostens, in Jugoslawien und Albanien, in den sich immer mehr polarisierenden Republiken der Sowjetunion und in den so zerstrittenen Ländern am Golf.

»Es ist vollbracht!« Was könnte es für unser Zusammenleben als Menschen und als Völker bedeuten, wenn dieses letzte Wort Jesu am Kreuz für uns zu einem neuen Fixpunkt würde, an dem wir uns aufrichten aus unserer naturhaften Verkrümmung, durch die wir immer wieder auf unser Eigenes zurückgeworfen werden, auf unsre eigenen Interessen, seien es persönliche, politische oder wirtschaftliche, unsere eigenen Vorstellungen, unsern eigenen Vorteil, den wir suchen, unsere eigenen Rechte, auf die wir pochen. Wenn wir diesen Fixpunkt, den crucifixus, den Gekreuzigten, ins Herz fassen, können wir einander annehmen, wie er uns angenommen hat. So kann auch heute durch Jesu Sterben neue Gemeinschaft entstehen.

III. Durch Jesu Sterben – neue Zukunft

Das Sterben Jesu hat einen weiten Horizont, liebe Gemeinde. Es greift in seinen Wirkungen hinaus bis an den Rand unserer irdischen Zeit. Pontius Pilatus, der römische Statthalter in Jerusalem, hat dem Geschehen am Kreuz eine Dimension gegeben, die weit über das lokale Ereignis von damals hinausweist: »Jesus von Nazareth, der König der Juden« – diesen Satz hat er in allen Weltsprachen jener Zeit auf das Kreuz setzen lassen. Damit hat er die Würde des Gekreuzigten »medienwirksam« veröffentlicht, er ließ sie gewissermaßen der »Weltpresse« übergeben.

So hat der Römer etwas Entscheidendes festgehalten: Der hier vordergründig am Kreuz Gescheiterte gibt seinen Anspruch auf die Welt nicht auf. Weil Gott die Welt, den ganzen Kosmos liebt, wie das Johannesevangelium sagt, hat er seinen eingeborenen Sohn dahingegeben, damit alle, die an ihn glauben, nicht verloren werden, sondern das ewige Leben haben. Gott hat es also mit der Welt und ihrer Zukunft zu tun. Das zeigt der »Titulus«, den Pilatus auf das Kreuz geschrieben hat. Mitten im qualvollen Sterben Jesu, in seiner augenfälligen Ohnmacht, leuchtet etwas auf von seiner geheimnisvollen Allmacht. Das Osterereignis, das Auferwecktwerden aus dem Tode, wirft hier seinen hellen Schein voraus. Im Sterben Jesu wird Hoffnung auf Zukunft geboren. Er selbst ist das Weizenkorn, von dem das Evangelium redet, das Gott zum Sterben in diese Erde gelegt hat. Sein Sterben hat tausendfältige Früchte gebracht: Menschen, die durch den Fixpunkt des Kreuzes Jesu zu einem neuen Leben gefunden haben, hier bei uns und in allen Teilen der Welt, wo wir Christenmenschen begegnen.

Liebe Gemeinde, wir leben in einer Zeit, die von zahllosen Krisen geschüttelt ist. Wo soll ich jetzt anfangen mit dem Aufzählen? Die Toten des Golfkrieges und die schrecklichen Umweltschäden in der dortigen Region stehen uns vor Augen, die Choleraopfer im Elend Perus, die zunehmenden Spannungen in Osteuropa, die neue Völkerwanderung, die wir gegenwärtig erleben, und die im Grunde nichts anderes ist als eine Armutswanderung. Das Vertrauen in das, was wir Menschen können, ist unter uns immer mehr im Schwinden. Daß wir Mächten und Systemen ausgeliefert sind, die wir nur noch zu einem kleinen Teil selbst beherrschen, ist mit Händen zu greifen.

Was kann in der Zukunft unser Leben tragen? Wo sind wir geborgen mit unserer Angst? Dieser Frage begegnen wir heute auf Schritt und Tritt. Ich meine, das Geschehen an Jesu Kreuz wäre eine Antwort auf diese Frage. Und so lautet diese Antwort: Wir sind in allen Stürmen gehalten, wenn wir uns von den Armen des Gekreuzigten halten lassen. Unsere Leiden und unsere Angst werden von ihm mitgetragen. Unsere Depressionen und Defizite nimmt er auf sich. Nicht was wir vollbringen, sondern was er vollbracht hat, läßt uns mit Hoffnung leben und im Frieden sterben. Durch sein Sterben gibt es neues Leben, neue Gemeinschaft, neue Zukunft.

Noch einmal zurück zum Anfang, liebe Gemeinde. »Einen Fixpunkt muß der Mensch haben, sonst sackt er in sich zusammen« – so der Physiotherapeut zu seinem Patienten. Einen Fixpunkt. Unser Fixpunkt ist der crucifixus, Jesus Christus, der Gekreuzigte. Sein Sterben für uns ist der Anfang unseres Heils. Wer seine Vergebung und Versöhnung annimmt, kann im Frieden mit Gott und den Menschen leben. Als ein Versöhner, der Versöhnung stiftet, als ein Geborgener, der andere trösten kann. Amen.

(Predigt am Karfreitag, 29. März 1991 in der Stiftskirche Stuttgart)

Das Wort von der Versöhnung

2. Korinther 5,19–21

Gott war in Christus und versöhnte die Welt mit sich selber und rechnete ihnen ihre Sünden nicht zu und hat unter uns aufgerichtet das Wort von der Versöhnung. So sind wir nun Botschafter an Christi Statt, denn Gott ermahnt durch uns; so bitten wir nun an Christi Statt: Laßt euch versöhnen mit Gott! Denn er hat den, der von keiner Sünde wußte, für uns zur Sünde gemacht, damit wir in ihm die Gerechtigkeit würden, die vor Gott gilt.

Einer der bekannten Liedermacher und Protestsänger unserer Zeit, Konstantin Wecker, auf den ungezählte Jugendliche hören und schwören, hat auf seiner letzten Tournee vor Tausenden von Hörern unter stürmischem Beifall ein Lied vorgetragen, von eingängiger Musik untermalt, einen Song, aus dem ich einige Zeilen zitieren möchte:

> »Du mußt dir alles geben,
> keiner bringt dir dein Heil.
> Alle Tage durchleben –
> die Stufen sind tränensteil.
>
> Die dir Großes versprechen,
> versprechen sich meistens dabei.
> Mach deine eigenen Zechen,
> taumle dich frei.«

»Du mußt dir alles geben, keiner bringt dir dein Heil« – wenn das wahr wäre, dann wäre es das einzig Konsequente, wenn ich jetzt diese Kanzel verlassen würde und wir alle nach Hause gingen. Heimgingen als alleingelassene Menschen, ganz auf uns selbst zurückgeworfen, ohne Hoffnung. »Keiner bringt dir das Heil« – wenn das wahr wäre, dann sollten wir unsere Kirchen und Gemeindehäuser schließen, und wir Pfarrer könnten uns einen anderen Beruf suchen. Aber es ist nicht wahr, liebe Gemeinde. Gott sei Dank, es ist nicht wahr! Da ist einer, der uns das Heil bringt. Da ist einer, der in diese heillose Welt gekommen ist und der unser Leben zurechtbringen kann. »Heiland« nennt ihn das Neue Testament. Das ist die Botschaft des Karfreitags; deshalb sind wir hier versammelt, um diesen einen Satz zu hören und tief ins Herz zu fassen: *»Einer bringt dir das Heil.«*

Hier wird uns nicht zu viel versprochen. Hier hat sich auch nicht einer versprochen. Wir brauchen uns nicht selber freizutaumeln, wie es der Liedermacher uns empfiehlt. Nein, es gilt: »Einer bringt dir das Heil.« »Gott war in Christus und versöhnte die Welt mit sich selber« – das ist unser Heil. Das bedeutet unsere Rettung: »Gott versöhnte die Welt mit sich selber.« Versöhnung – damit ist das Stichwort genannt, das uns Paulus in unserem heutigen Predigttext zu bedenken aufgibt. Wir wollen das jetzt in zwei Gedankenschritten aufzunehmen versuchen.

I. Er für uns

Wir haben heute vom Altar aus wieder – wie jedes Jahr am Karfreitag – den Bericht über das Leiden und Sterben Jesu am Kreuz gehört. Man kann diese Worte ja nicht einfach nur in sich aufnehmen, so wie man am Abend die Nachrichten vom Tage aufnimmt. Wer die biblische Passionsgeschichte hört, vor dem tut sich ein Abgrund auf. Der erkennt, zu welchen Taten wir Menschen fähig sind. Wir Menschen – habe ich gesagt. Denn es geht jetzt nicht in erster Linie um die Juden und Römer zur Zeit Jesu, es geht um uns Menschen allesamt. Es geht um jede und jeden von uns persönlich. Die Passionsgeschichte Jesu deckt auf, was in unserem menschlichen Herzen nistet, was aus der Tiefe unseres Seins aufsteigen kann an Haß und Aufruhr, an kalter Berechnung und eitlem Taktieren. Wer das Leiden und Sterben Jesu mit wachen Sinnen verfolgt, der nimmt nicht nur teil an einem dramatischen Geschehen von einst, sondern der steht vor der schrecklichen Erkenntnis, wozu wir Menschen fähig sind, auch heute fähig sind. Das Passionsgeschehen ist der Gipfelpunkt der Auflehnung des Menschen gegen Gott, der Tiefpunkt von Haß, Feindschaft und Charakterlosigkeit des Menschengeschlechts. Wo der Mensch sich selbst, seinen Willen, seine Ehre, seine Freiheit, seine Überzeugungen zum Maß und Mittelpunkt aller Dinge macht, wird nicht nur das Verhältnis zu Gott, dem Schöpfer, zerstört. Es geht zugleich auch das Verhältnis der Menschen untereinander in die Brüche. Was in der Passion Jesu geschah, ist die Mitte eines unaufhaltsamen Geschehens, das nach dem Zeugnis des Alten Testaments mit der Auflehnung gegen Gottes Gebot im Garten Eden und dem Brudermord von Kain an Abel begann und das sich bis zum heutigen Tag in der Abkehr von Gott und seinem Willen und in der Mißachtung der Menschen fortsetzt, im Großen und im Kleinen, offen oder versteckt, aus nackten materiellen Interessen oder politisch, ideologisch, manchmal sogar religiös verbrämt. Dies ist die eigentliche Krankheit des Menschen, die in der Feindschaft gegen Gott ihren Ursprung hat. »Fleischlich gesinnt sein«, wie es Paulus im Römerbrief (8,5) nennt, egoistisch, egozentrisch orientiert sein, das ist die Feindschaft gegen Gott. Wenn es der medizinischen Wissenschaft je einmal gelänge, aus den Genen der Menschen alle krankhaften Anlagen herauszumanipulieren, gegen diese Krankheit ist kein Kraut gewachsen. Zu tief steckt sie in unserem Menschenwesen, als daß man medizinisch oder psychologisch dagegen ankommen könnte.

Und nun mag jedes von uns für sich persönlich sein Leben durchgehen – und er wird unschwer auf Punkte stoßen, an denen es offen oder auch nur ahnungsweise sichtbar wird, wie von dem gestörten Gottesverhältnis her sich Metastasen, bösartige Mißbildungen im Verhältnis zu anderen Menschen ableiten, wie wir nicht miteinander zurechtkommen, weil wir mit Gott nicht in Ordnung sind. Und wenn man sich im Laufe seines Lebens tausendmal vorsagt, was man doch für ein rechter Mensch ist, und wenn man mit zunehmendem Alter sich mehr und mehr an das zu klammern versucht, was man im Leben recht gemacht und erreicht hat, es bleibt dabei: Wir leben im Unfrieden mit Gott. Und daraus entsteht all der Unfriede in der Welt, entstehen auch die zahllosen Unzufriedenheiten in unserem Leben. Unser Leben ist nicht heil, so wie wir es gerne haben möchten. Und wir können das von uns aus auch nicht ändern. An dieser Stelle hat der eingangs erwähnte Liedermacher recht: »Keiner bringt dir dein Heil.« In der Tat: Kein Mensch kann das einem andern von sich aus geben oder bringen.

Nur Gott kann das tun. Und er hat es getan. Eben dies meint das Wort von der Versöhnung: »Gott war in Christus und versöhnte die Welt mit sich selber und rechnete ihnen ihre Sünden nicht zu und hat unter uns aufgerichtet das Wort von der Versöhnung.« Er, immer nur er! Gott selbst hat das getan. Er bringt uns das Heil, er allein. Und wie geschah dies? »Er hat den, der von keiner Sünde wußte, für uns zur Sünde gemacht, damit wir in ihm die Gerechtigkeit würden, die vor Gott gilt.« Einen »seligen Tausch« hat Martin Luther dieses Geschehen genannt, das sich an Jesu Kreuz, in seinem Leiden und Sterben vollzogen hat. Ein seliger Tausch: Gott hat den einzig Sündlosen, seinen eigenen Sohn, geopfert, damit unser aus den Fugen geratenes Leben heil werden kann. »Einer bringt dir dein Heil«: Jesus Christus, der Mann, der am Kreuz für uns stirbt. In großartig kongenialer Weise hat Martin Luther diesen »seligen Tausch«, das umfassende Werk Gottes zur Versöhnung der Menschen, in seinem Lied »Nun freut euch, lieben Christen g'mein . . . « besungen, das zu den Kernliedern der lutherischen Reformation gehört. Dieses Lied von Strophe zu Strophe aufmerksam zu lesen, zu meditieren und zu singen – das kann uns das tiefe Geheimnis des Opfertodes Jesu in besonders eindringlicher Weise aufschließen.

»Versöhnung« schreibt hier der Apostel. Das griechische Wort, das diesem Begriff zugrunde liegt, heißt: gänzlich austauschen, total verändern. Die Vorsilbe dieses Wortes zeigt im Griechischen an, daß sich das »von oben her«, von oben nach unten (und nicht umgekehrt!), vollzieht, also von Gott aus zu uns Menschen. Nicht wir Menschen versöhnen Gott, indem wir auf unsere guten Seiten verweisen oder uns dieses und jenes an Opfer und Verzicht abverlangen. Gott versöhnt uns mit sich selber durch das Opfer seines Sohnes. Von ihm geht die Initiative aus, nicht von uns.

Unser menschliches Leben lebt von zahllosen Opfern. Wie manche Menschen gibt es, die nur deshalb am Leben sind, weil andere ihre Gesundheit, ihre Zeit und Kraft, vielleicht sogar ihr eigenes Leben für sie geopfert haben, unsere Mütter zuallererst. Unsere Welt und wir Menschen – alle leben wir von dem Opfer, das Gott am Kreuz seines Sohnes gebracht hat. Ihm hat er unsere Schuld aufgeladen. Jesus hat sie übernommen und ist daran gestorben. Seitdem gibt es Vergebung und Versöhnung. Seitdem besteht eine Brücke zwischen Gott und uns Menschen, die wir betreten dürfen. Wir haben Zugang zu Gott. Wir können freigesprochen werden und dürfen aufatmen. Wir müssen nicht mehr aus eigenen Kräften Gott mit uns versöhnen, er hat uns mit sich selbst versöhnt, als Jesus für uns starb. Er für uns. Seitdem gilt: »Einer bringt dir dein Heil.« Einer schafft Ordnung in unserem Leben. Wir müssen uns nicht »freitaumeln«, wir sind freigesprochen. Und dieser Freispruch gilt.

II. Wir für ihn

Ein Freispruch hat Konsequenzen. Auch der Freispruch, den Gott am Kreuz seines Sohnes gefällt hat. Mit diesem Freispruch, den er selbst erfahren hat, ist für den Apostel Paulus und für jeden, der das Wort von der Versöhnung hört und annimmt, eine Inpflichtnahme verbunden: »So sind wir nun Botschafter an Christi Statt, denn Gott ermahnt durch uns. So bitten wir nun an Christi Statt: Laßt euch versöhnen mit Gott!«

Er für uns – wir für ihn. Paulus ist dafür ein Beispiel. Als Botschafter der Versöhnung war er unterwegs durch Länder und Meere. Überall, wohin er kam, hat er das Wort von der am Kreuz geschehenen Versöhnung aufgerichtet und zur Annahme dieser Versöhnung mit Gott eingeladen. Und so ist jeder, der dieses Wort hört und Gottes Einladung annimmt, zum gleichen Botschafterdienst berufen. Wohlgemerkt, es heißt hier: »Laßt euch versöhnen mit Gott!« Laßt euer Verhältnis zu ihm in Ordnung bringen! Tretet ein in den Raum seines Friedens! Dann, erst dann, könnt ihr diese Versöhnung und diesen Frieden auch in eure zwischenmenschlichen Beziehungen hineintragen, in Häuser und Familien, in zerstrittene Interessengruppen und zu feindseligen Parteien. Dann könnt ihr Zeichen der Versöhnung und des Friedens aufrichten zwischen verfeindeten Völkern und Rassen. Was Gott uns an Versöhnung und Frieden schenkt, will sich auswirken in allen Bereichen unseres Lebens, zwischen Menschen und Völkern, zwischen Generationen und Gruppierungen. Wer aus der Kraft der Versöhnung lebt, die Gott durch das Opfer seines Sohnes am Kreuz gestiftet hat, der kann auch selbst bereit werden zu Opfern für Versöhnung und Frieden.

Er für uns – wir für ihn. So werden wir instand gesetzt, einander zum Heil zu helfen. »Keiner bringt dir dein Heil«, so sang der Liedermacher, von dem ich zu Beginn gesprochen habe. Doch! Einer, Jesus Christus, der Gekreuzigte. Er für uns – wir für ihn. Amen.

(Predigt am Karfreitag, 28. März 1986 in der Stiftskirche Stuttgart)

Den Gekreuzigten vor Augen haben

Lukas 23,33–46

*U*nd als sie kamen an die Stätte, die da heißt Schädelstätte, kreuzigten sie ihn dort und die Übeltäter mit ihm, einen zur Rechten und einen zur Linken. Jesus aber sprach: Vater, vergib ihnen; denn sie wissen nicht, was sie tun! Und sie verteilten seine Kleider und warfen das Los darum. Und das Volk stand da und sah zu. Aber die Oberen spotteten und sprachen: Er hat andern geholfen; er helfe sich selber, ist er der Christus, der Auserwählte Gottes. Es verspotteten ihn auch die Soldaten, traten herzu und brachten ihm Essig und sprachen: Bist du der Juden König, so hilf dir selber! Es war aber über ihm auch eine Aufschrift: Dies ist der Juden König.

Aber einer der Übeltäter, die am Kreuz hingen, lästerte ihn und sprach: Bist du nicht der Christus? Hilf dir selbst und uns! Da wies ihn der andere zurecht und sprach: Und du fürchtest dich auch nicht vor Gott, der du doch in gleicher Verdammnis bist? Wir sind es zwar mit Recht, denn wir empfangen, was unsre Taten verdienen; dieser aber hat nichts Unrechtes getan. Und er sprach: Jesus, gedenke an mich, wenn du in dein Reich kommst! Und Jesus sprach zu ihm: Wahrlich, ich sage dir: Heute wirst du mit mir im Paradies sein.

Und es war schon um die sechste Stunde, und es kam eine Finsternis über das ganze Land bis zur neunten Stunde, und die Sonne verlor ihren Schein, und der Vorhang des Tempels riß mitten entzwei. Und Jesus rief laut: Vater, ich befehle meinen Geist in deine Hände! Und als er das gesagt hatte, verschied er.

Unübersehbar groß hängt im Chorbogen unserer Stiftskirche das Bild des gekreuzigten Christus. Keiner, der diese Kirche betritt, kann sich dem Eindruck des Kruzifixus entziehen. Jede, die einen Rundgang durch das Kircheninnere machen will, muß unter den ausgebreiteten Armen des Gekreuzigten hindurchgehen.

Nun ist es nicht unwichtig zu erfahren, wie diese Kirche zu ihrem Kruzifixus gekommen ist. In den Jahren des Zweiten Weltkriegs, als die Auswirkungen der Naziherrschaft und der Kriegsereignisse immer bedrückender wurden und tiefe Ängste sich unter den Menschen auszubreiten begannen, hat sich der Kirchengemeinderat Gedanken darüber gemacht, wie dieser Angst und Bedrückkung zu begegnen sei. Das Ergebnis seiner Überlegungen war eindeutig: Wir müssen den Gekreuzigten vor Augen haben! Wenn es *ein* Zeichen gibt, an dem wir unseren Glauben aufrichten und durch das wir unsere Gemeinde zusammenhalten können, dann ist es das Kreuz. So kam es dazu, daß dem Ulmer Künstler Martin Scheible der Auftrag erteilt wurde, diesen Kruzifixus zu schaffen. Ein Jahr vor der Zerstörung dieser Kirche, 1943, also genau vor 50 Jahren, wurde er in der Kirche aufgestellt.

Den Gekreuzigten vor Augen haben – das haben damals die Verantwortlichen als die entscheidende Hilfe gegen Angst, Bedrückung und Entfremdung angesehen. Könnte das nicht auch für uns zu einer wichtigen Perspektive werden? Heute, wo so viele Menschen bedrückt sind von der wirtschaftlichen Rezession, die ihre Arbeitsplätze immer unsicherer macht? Heute, wo so viele in Angst leben angesichts der überall um sich greifenden Kriminalität und Radikalität von rechts und von links? Heute, wo so viele die Flucht in die Sucht antreten, weil sie keinen tragenden Lebensgrund mehr sehen und keinen Ort, an dem sie sich geborgen fühlen? Heute, wo wir in jeder Nachrichtensendung die menschenverachtenden Kriegsgreuel in Bosnien und die kaum noch zu überbietende Hilflosigkeit der Vereinten Nationen vorgeführt bekommen? Könnte in dieser Situation nicht auch für uns zur Hilfe werden, was vor 50 Jahren einer Generation in der Bedrückung durch Krieg und Not Halt und Hilfe war: den Gekreuzigten vor Augen haben?

Der Bericht über die Kreuzigung Jesu nach dem Lukasevangelium, den wir jetzt gehört haben, kann uns dabei die Richtung zeigen. Drei Worte am Kreuz sind uns hier überliefert. Und an jedem dieser Worte läßt sich eine der unvergänglichen Wahrheiten des Kreuzesgeschehens festmachen.

I. Der Gekreuzigte – Anwalt der Menschen

»Jesus aber sprach: Vater, vergib ihnen; denn sie wissen nicht, was sie tun«. Um den sterbenden Jesus ist es einsam geworden. Seine Jünger haben ihn verlassen, seine Freunde stehen in weiter Ferne. Unter dem Kreuz ist eine merkwürdige Gesellschaft von Spöttern und Lästerern versammelt. Jeder formuliert seinen Spott auf die ihm eigene Weise. Jeder versucht, den Mann am mittleren Kreuz der Lächerlichkeit preiszugeben. Es waren ja nicht nur die körperlichen Qualen, die Jesus am Kreuz zu erleiden hatte. Ungleich schmerzender und quälender sind die seelischen Folterungen, die man ihm angehängt hat. Sie schneiden ins Herz, sie treffen ins Mark, so wie Demütigungen und Spott, die wir über andere ausgießen, oftmals empfindlicher treffen und verletzen können, als wir vordergründig ahnen. Wir erleben diesen Vorgang jetzt in Bosnien, wo Männer und vor allem Frauen durch Vergewaltigung oder Verstümmelung entehrt werden und dadurch tiefer verletzt sind als durch eine Wunde, die ihnen im Kampf zugefügt wird.

Doch Jesus hält diese Anfechtung durch. Ja, er macht sich als der, den die Menschen dem Tod am Kreuz überantwortet haben, zu ihrem Anwalt und Fürsprecher: »Vater, vergib ihnen; denn sie wissen nicht, was sie tun«. Nagle sie nicht fest auf ihre Worte! Laß ihr letztes Wort nicht auch dein letztes Wort sein! Verwirf sie nicht, so wie sie mich verworfen haben! So bittet der sterbende Jesus am Kreuz für uns Menschen. So hält er in seiner letzten Stunde diese ganze geschundene Welt seinem Vater hin, all unser Versagen und unsre Ängste, all das Leiden in der Welt, Hunger und Elend, alle die kriegerischen Schand- und Greueltaten unserer Zeit, alles hält er Gott hin und bittet: »Vater, vergib ihnen; denn sie wissen nicht, was sie tun.«

Jesus wird am Kreuz zum Anwalt der Menschen. Von seiner Fürbitte lebt unsere Welt bis zum heutigen Tag. Von dem, der nicht seine Verachtung der Menschheit hinausschrie, der sich auch nicht resigniert über die Undankbarkeit seiner eigenen Leute abgewandt hat, sondern der mit seinem Gebet für uns eintritt: »Vater, vergib ihnen; rechne ihnen ihre Sünde nicht an«. Wer diese Vergebung Jesu annimmt, kann aus dem Teufelskreis von Haß und Vergeltung ausbrechen, muß nicht ständig auf Rache sinnen für erfahrenes Unrecht, sondern kann durch das Wort und die Tat der Vergebung Feinde überwinden und Menschen gewinnen.

Jesus ist der Anwalt aller Entehrten und Geschundenen. Er ist es, dem wir die Malträtierten in Bosnien anbefehlen, die Geängsteten hier in unserem eigenen Land, und die Leidenden in den Hungerzonen Afrikas. Wo niemand mehr für sie eintritt, ist er immer noch da. Wo sie keine Hilfe mehr sehen, läßt er sie nicht allein.

II. Der Gekreuzigte – Retter der Schuldigen

Alle haben sie gespottet, alle haben gelästert, nur einer nicht, einer der beiden Verbrecher, die mit Jesus zusammen gekreuzigt wurden. Diesem einen gingen die Augen auf für den, der in seiner Qual neben ihm hing. Vielleicht geschah es in dem Augenblick, als Jesus betete: »Vater, vergib ihnen«. So hat dieser Schächer am Kreuz noch nie einen Menschen reden hören. So reden wir Menschen normalerweise auch nicht. Wir können es nur, wenn wir unser Recht »dem anheimstellen, der da gerecht richtet« (1. Petrus 2,23).

Damit stehen wir vor einer der tiefsten Erfahrungen unseres Menschseins. Ein Tier kann nicht schuldig werden, der Mensch kann es. Das Wissen um das Schuldigwerden und die Möglichkeit, umzukehren und von der Schuld befreit zu werden – das macht den Menschen erst zum Menschen. Hier liegt heute ohne Frage eines der großen Probleme unserer Gegenwart. Wenn der Psychoanalytiker Alexander Mitscherlich uns Deutschen nach 1945 die »Unfähigkeit zu trauern« bescheinigt hat, so könnte man heute als ein Kennzeichen des Menschen die Unfähigkeit nennen, Schuld einzugestehen. Es macht einen Menschen in der Tiefe seines Wesens einsam, und es isoliert ein Volk von seinen Nachbarn und der ganzen Welt, wenn es nur immer recht behalten will und nicht auch Schuld eingestehen kann. So werden Freundschaften zerstört, so zerbrechen Ehen, so geraten Völker in hoffnungslose Isolation.

Hier, im Kreuzigungsbericht des Lukas, verzichtet einer darauf, Recht haben zu wollen. Er sagt nur noch eines: »Jesus, denk an mich, wenn du in dein Reich kommst«. So empfängt der Schächer am Kreuz das Wort göttlicher Vergebung: »Heute wirst du mit mir im Paradies sein«. »Mit mir«, sagt Jesus. Denn bei ihm sein, das ist das Paradies. Dieser kurze Wortwechsel zwischen zwei Gekreuzigten ist nichts weniger als die Brunnenstube christlicher Seelsorge.

»Heute mit mir«, von heute an bei mir – das ist die Frucht der Vergebung. Ehe aber solche Frucht wachsen kann, muß ein Weizenkorn in der Erde sterben. Damit die Vergebung der Schuld und die Rettung der Schuldigen in die letzte Tiefe hinabreicht, ging Jesus in den Tod. Damit hat er uns die Tür zu einem neuen Leben geöffnet. Heraus aus unseren verhärteten Verhältnissen, aus unserem Haß, aus unserem Recht-Haben-Wollen. Wenn wir aufhören, immer nur außerhalb unser selbst nach Schuldigen zu suchen, wenn wir aufhören, mit Fingern auf andere zu deuten, wenn wir dagegen anfangen, uns selber zu fragen, wo wir anderen Menschen etwas schuldig geblieben sind, vielleicht der nachwachsenden Generation, die heute so leicht zu Radikalismus neigt, vielleicht unseren eigenen Kindern, vielleicht denen, die es aus irgendeinem Grund aus der Bahn geworfen hat, vielleicht auch den Völkern, die in Hunger und Elend leben, wenn wir damit anfangen, dann können sich unter uns Verhältnisse ändern, dann kann an uns und durch uns das Werk der Versöhnung und des Brückenbaus geschehen, von Generation zu Generation und von Volk zu Volk.

III. Der Gekreuzigte – Überwinder des Todes

»Und Jesus rief laut: Vater, ich befehle meinen Geist in deine Hände. Und als er das gesagt hatte, verschied er.« Vielleicht ist es uns vom Lesen des Textes her noch im Ohr: Das erste und das letzte Wort Jesu vom Kreuz hat im Lukasevangelium den gleichen Anfang: »Vater«. Wie von zwei Ecktürmen ist die letzte Wegstrecke des Gekreuzigten durch dieses Wort eingerahmt.

»Vater, ich befehle meinen Geist in dein Hände«. Das ist kein freies Gebet. Es ist eines der bekanntesten Abendgebete aus dem alten Volk Israel. Jeden Abend vor dem Einschlafen hat man damals sein Leben in Gottes Hand gelegt. Und nun macht Jesus dieses jüdische Abendgebet zu seinem Sterbegebet. Es ist für ihn ein Wort tiefer Geborgenheit. Wie in einen schützenden Mantel hüllt er sich in dieses Gebet ein.

Wir müssen uns das jetzt ganz plastisch vorstellen: geifernde Gegner, ausgelassene Spötter, die lärmende Soldateska, ein fluchender Schicksalsgenosse – und mittendrin der sterbende Jesus, der sich in Gottes Hand befiehlt. Mitten in allen Schrecken seines grausamen Sterbens sagt er: »Vater«. Wir spüren hier geradezu handgreiflich, welche Kraft der Bewahrung von diesem einen Wort ausgeht. Wer so wie Jesus zu Gott Vater sagen kann, hat in Wahrheit schon den Tod überwunden.

Niemand von uns weiß, wie einmal sein Sterben sein wird, ob er in einem Klinikbett oder zu Hause oder bei einem Unfall auf der Straße stirbt, als aufblühender junger Mensch oder als langsam dahinsiechender Greis. Niemand weiß das. Entscheidend aber ist, welcher Gedanke uns zuletzt bewegt, welches Wort wir am Ende sprechen, sofern das überhaupt noch möglich ist. Hier ist das Wort, das Geborgenheit anzeigt, das uns in die Heimat führt: »Vater, ich befehle meinen Geist in deine Hände«.

Und nun schauen wir noch einmal auf den Gekreuzigten im Chorbogen unserer Kirche, der vor 50 Jahren hier seinen Platz fand, auf den Anwalt der Menschen, den Retter der Schuldigen, den Überwinder des Todes. Den Gekreuzigten vor Augen haben – das hat in den schweren Kriegsjahren dazu geführt, diesen Kruzifixus in Auftrag zu geben. Ich denke, das könnte auch für uns heute ein Zeichen gegen die Angst sein, das Versöhnung schafft und das Brücken baut zwischen verfeindeten Menschen, Gruppen und Völkern. Den Gekreuzigten vor Augen haben. Liebe Gemeinde – wir sollten noch einen Schritt weitergehen: den Gekreuzigten nicht nur vor Augen, sondern im Herzen haben. Dazu möchte dieser Karfreitag uns einladen:

>»In meines Herzens Grunde,
dein Nam und Kreuz allein
funkelt all Zeit und Stunde,
drauf kann ich fröhlich sein.«
Amen.

(Predigt am Karfreitag, 9. April 1993 in der Stiftskirche Stuttgart)

Schaut auf das Kreuz!

Hebräer 9,15.24–28

Christus ist der Mittler des neuen Bundes, damit durch seinen Tod, der geschehen ist zur Erlösung von den Übertretungen unter dem ersten Bund, die Berufenen das verheißene ewige Erbe empfangen.

Denn Christus ist nicht eingegangen in das Heiligtum, das mit Händen gemacht und nur ein Abbild des wahren Heiligtums ist, sondern in den Himmel selbst, um jetzt für uns vor dem Angesicht Gottes zu erscheinen; auch nicht, um sich oftmals zu opfern, wie der Hohepriester alle Jahre mit fremdem Blut in das Heiligtum geht; sonst hätte er oft leiden müssen vom Anfang der Welt an. Nun aber, am Ende der Welt, ist er ein für allemal erschienen, durch sein eigenes Opfer die Sünde aufzuheben. Und wie den Menschen bestimmt ist, einmal zu sterben, danach aber das Gericht, so ist auch Christus einmal geopfert worden, die Sünden vieler wegzunehmen; zum zweitenmal wird er nicht der Sünde wegen erscheinen, sondern denen, die auf ihn warten, zum Heil.

Mit einem Zitat möchte ich heute meine Predigt beginnen: »Die Menschheitsgeschichte umschließt ungezählte Leidensgeschichten, aber nur eine heißt: *Die* Leidensgeschichte. Es wurden viele Kreuze auf dieser Erde errichtet; aber nur eines ist *das* Kreuz ... Die Geschichte des Todes Jesu ist darum die Geschichte ohnegleichen, weil sein Sterben des Todes Tod wurde« – so lauten die ersten Sätze der bis heute lesenswerten Auslegung der Leidensgeschichte Jesu von Otto Riethmüller mit dem Titel »Des Todes Tod«.

»*Die* Leidensgeschichte« – wir haben sie vorhin in der Fassung des Johannesevangeliums vom Altar aus gehört. Dabei konnten wir etwas von der verwirrenden Fülle der Gestalten wahrnehmen, die zu dieser Geschichte gehören: Herodes und Pilatus, Hannas und Kaiphas, Juden und Römer, die Schächer am Kreuz und die Mutter Jesu.

Dies alles rückt jetzt auf die Seite. Nur einer ist noch wichtig: der sterbende Jesus am Kreuz. Alle übrigen Gestalten treten ins Dunkel. Allein der Gottessohn, der sein Leben für uns Menschen als Opfer darbringt, bleibt sichtbar. Unser Text aus dem Hebräerbrief mit seiner begrifflich so schweren Fracht, die wir Heutigen kaum noch verstehen können, hat etwas von einem ausgereckten Zeigefinger an sich. Man kann sich der Richtung, in die dieser Finger weist, einfach nicht entziehen. Mit einer geradezu bezwingenden Macht zeigt er an den Vielen vorbei auf den Einen, der am Kreuz hängt. Schaut auf das Kreuz, so will er sagen, merkt auf das, was dort geschieht. Diesem so unmißverständlichen »Fingerzeig« des Hebräerbriefes wollen wir jetzt in drei Schritten folgen.

I. Schaut auf das Kreuz – Was ist da zu sehen?

Was ist da zu sehen? Eigentlich gar nicht viel. Unser Predigttext berichtet keine Einzelheiten über den Hergang der Kreuzigung. Kein Wort über die Henker, über die Spötter, über die Jünger. Nichts. Hier wird das Geschehen des Karfreitags nicht erzählt, sondern gedeutet.

Was ist am Kreuz zu sehen? Da opfert einer sein Leben für andere. Aber das ist nun doch wahrlich nichts Außergewöhnliches, mögen wir sagen. Daß ein Mensch sein Leben für andere riskiert, die in Gefahr sind, daß er es aufs Spiel setzt, um ein bestimmtes Ziel zu erreichen, ein wissenschaftliches oder ein sportliches, vielleicht auch ein humanitäres, das begegnet uns immer wieder. Daß eine Mutter sich opfert für ihre Kinder, ein Arzt für seine Patienten, ein Wissenschaftler für ein Forschungsziel, daß einer sich verzehrt in seinem Beruf, das geschieht gar nicht so selten. Daß Schwestern und Pfleger sich aufopfern für Kranke und Alte, das nehmen wir heute fast selbstverständlich hin. Und wenn einer sein Leben einsetzt für die Rechte seiner Mitmenschen und dabei umkommt, so wie Martin Luther King, der vor kurzem 65 Jahre alt geworden wäre, dann erfüllt uns das mit Hochachtung, aber es dauert nicht lange, bis diese Personen aus unserer Erinnerung verschwinden. – Was ist am Kreuz zu sehen? Daß einer sich für andere opfert. Eigentlich nichts Besonderes.

Was ist am Kreuz zu sehen? Daß ein Mensch einen qualvollen Tod stirbt. Auch das ist heute leider nichts Auffälliges mehr. Es wird ja so unsagbar viel gelitten und gestorben in unserer Zeit, und das Fernsehen liefert uns diese Bilder des Grauens jeden Abend frei Haus ins Wohnzimmer, aus Hebron und Sarajewo, aus Nordirland und dem Gazastreifen, aus Solingen und Mölln. Nein, daß einer qualvoll zu Tode kommt, ist nichts Besonderes mehr.

Was ist am Kreuz zu sehen? Daß einer unschuldig ermordet wird. Aber was heißt das schon in einer Zeit, wo der Terrorismus rund um die Welt geht und seine Opfer sucht, eins so unschuldig wie das andere, Frauen und Kinder zumal? Wo arglose Flugzeugbesatzungen und ahnungslose Bankkunden als Geiseln genommen, seelisch gequält und dann vielleicht erschossen werden? Daß Menschen unschuldig sterben – nichts Besonderes.

Was ist am Kreuz zu sehen? Daß ein Mensch sein Leben opfert für andere, daß da einer qualvoll stirbt und unschuldig zu Tode kommt, lauter Dinge, die es überall in dieser Welt gibt. Und so hat es denn zu allen Zeiten Menschen gegeben, die gesagt oder wenigstens gedacht haben: Jesu Tod am Kreuz – nichts Besonderes. Ein Mensch, der für seine Idee in den Tod geht, ein Mensch wie andere.

Wenn das so wäre, liebe Gemeinde, wenn Jesus nur einen Tod gestorben wäre, wie wir alle ihn einmal sterben werden, dann würde es sich in der Tat nicht lohnen, weiter über ihn nachzudenken. Aber hier stirbt ja nicht ein Mensch wie andere. Hier stirbt mehr als ein Mensch. Das ist am Kreuz zu sehen.

II. Schaut auf das Kreuz – Wie können wir das verstehen?

Ja, hier stirbt mehr als ein Mensch. Solange wir freilich unter Jesu Kreuz stehen wie die Besucher der Staatsgalerie vor einem Gemälde, bleibt das Geschehen am Kreuz für uns stumm. Solange erkennen wir in der Tat nichts Besonderes. Die Tür des Verstehens bleibt uns verschlossen, bis wir einen Schlüssel finden, der uns das Verständnis des Kreuzestodes Jesu öffnet. Diesen Schlüssel haben wir in unserem Text. Es sind die beiden Worte: »Für uns«. »Christus ist eingegangen in den Himmel, um jetzt für uns vor dem Angesicht Gottes zu erscheinen«, so sagt es der Schreiber des Hebräerbriefes.

Wir Menschen können so, wie wir von Natur sind, nicht mit Gott in Verbindung kommen. Wir sind durch eine tiefe Kluft von ihm getrennt. Und warum das? Ich kann darauf nur mit einem Lied Jochen Kleppers aus dem Gesangbuch antworten:

> »Gott wohnt in einem Lichte,
> dem keiner nahen kann.
> Von seinem Angesichte
> trennt uns der Sünde Bann.«

Das ist der Grund: der Sünde Bann. Was ist damit aber gemeint? Sünde – das sind ja nicht die mancherlei Pannen und Betriebsunfälle, die uns täglich unterlaufen. Das sind auch nicht die vielerlei bösen Reaktionen, die uns oft ungewollt von der Hand oder über die Lippen gehen. Sünde – das ist der dunkle Schatten auf unserem Leben, der Schatten des Bösen, der uns verfolgt und uns immer wieder zu Verhaltensweisen führt, die für uns selber oft genug rätselhaft und unerklärlich sind. Es gibt ja Augenblicke im Leben, wo man nur den einen Wunsch hat, Geschehenes ungeschehen zu machen und noch einmal von vorne anfangen zu können. Ganz von vorne, ohne die Schatten der Vergangenheit, ohne alle unsere Fehlentscheidungen oder Überreaktionen, ohne das, was durch unsere Schuld falsch gelaufen ist im eigenen Leben und im Leben anderer.

Sie holt uns immer wieder ein, die Vergangenheit, unsere persönliche wie die unseres Volkes. Was in den letzten Monaten an Stasi-Enthüllungen und an Aufdeckung von politischen Affären sich vor unseren Augen abgespielt hat, ist ja nur ein schwaches Abbild dessen, was hier gemeint ist. Wir werden sie aus eigener Kraft nicht los, unsere Vergangenheit und die Schuld, die sich mit ihr verbindet. Es gibt Lasten, die wir nicht abschütteln, Bilder, die wir nicht verdrängen können, auch wenn sie uns bis in den Schlaf verfolgen. Kein Mensch kann Schuld vergeben, sich selber nicht und anderen auch nicht. Das, was die Bibel Sünde nennt, sitzt zu tief in unserem Wesen.

Doch nun stehen in der Mitte unseres Predigttextes die zwei Worte: »Für uns«. Gibt es eigentlich eine wichtigere Nachricht, die uns Menschen übermittelt werden kann als diese? Jesus, Gottes Sohn, der von Gott in diese Welt gesandt wurde als ein Mensch wie wir, hat sich für unsere Sünde geopfert und die abgebrochene Brücke zu Gott durch seinen Tod neu errichtet. Seit das geschehen ist, an seinem Kreuz geschehen ist, unter seinem letzten Wort »Es ist vollbracht« geschehen ist, dürfen wir aufatmen. Seit Jesu Sühnetod am Kreuz müssen wir nicht länger mit unserer Sünde verbunden bleiben. Jesus will den Sünder von seiner Sünde loslösen, »absolvieren« heißt das auf lateinisch: Ich vergebe dir, ich spreche dich frei! Und eben das sagt unser Predigttext: »Er ist erschienen, um durch sein eigenes Opfer die Sünde aufzuheben ... Christus ist einmal geopfert, die Sünden vieler wegzunehmen ... Sein Tod ist geschehen zur Erlösung von den Übertretungen.«

Schaut auf das Kreuz! Gott hat durch den Tod seines eigenen Sohnes unter die vielen Bemühungen menschlicher Religiosität, mit Gott ins reine zu kommen, einen Strich gezogen. Was an Jesu Kreuz geschehen ist, das gilt ein für allemal. Wir müssen uns nicht länger quälen mit den dunklen Stellen in unserem Leben. Wir dürfen annehmen, was Christus für uns getan hat. Wir können darüber froh werden und dankbar sein:

>   »Will hinfort mich etwas quälen,
>   oder wird mir etwas fehlen,

oder wird die Kraft zerrinnen,
so will ich mich nur besinnen,
daß ich einen Heiland habe,
der vom Kripplein bis zum Grabe,
bis zum Thron, wo man ihn ehrt,
mir, dem Sünder, zugehört.«

Und wenn die Nächte des Zweifels auf uns fallen und alles, was bisher an Glauben in uns lebendig war, zu erlöschen drohen, dieses Eine steht fest: Jesus ist gestorben – für mich. Nun ist er als der auferstandene Gekreuzigte bei mir an allen Tagen und in allen Nächten meines Lebens, auch in der letzten. So ist das zu verstehen, was an Jesu Kreuz geschehen ist.

III. Schaut auf das Kreuz – Was ist nun zu tun?

Jetzt müssen wir über unseren Text hinausgehen. Ein Freispruch hat Konsequenzen. Geschenkte Freiheit will angenommen und gelebt sein. Diese Konsequenzen kann ich jetzt nur mit einem Wort aus dem Epheserbrief (1,12) umschreiben: »... damit wir etwas seien zum Lob seiner Herrlichkeit«. Oder mit Luthers Erklärung zum Zweiten Glaubensartikel: »... auf daß ich sein eigen sei und in seinem Reich unter ihm lebe und ihm diene.« Dienst für Christus in dieser Welt, an den Menschen und den Aufgaben unserer Zeit, das ist die Konsequenz eines recht verstandenen Karfreitags. Das soll die Frucht des Todes Jesu sein: daß ich sein eigen sei, unter ihm lebe und ihm diene. Konkret: daß ich als ein durch Christus Versöhnter Versöhnung stifte unter den Menschen, im privaten Bereich ebenso wie in der Öffentlichkeit, indem ich mich, um ein aktuelles Beispiel zu nennen, zu den jüdischen Mitbürgern stelle, in deren Häuser man jetzt wieder Brandsätze wirft, wie vor einigen Tagen in der Synagoge zu Lübeck geschehen. Daß ich als ein von Christus Geliebter Liebe übe, gerade an solchen, die besonders darauf angewiesen sind, an Alten und Kranken, an Vereinsamten und Depressiven. Daß ich als eine, die von Gottes

Barmherzigkeit lebt, mich denen mitfühlend zuwende, die es schwer haben im Leben, den Randgruppen unserer Gesellschaft, heute vielleicht besonders den Behinderten, die zunehmend in der Öffentlichkeit stigmatisiert werden. Daß ich als einer, mit dem Gott Frieden geschlossen hat, nun selber für Frieden und Gerechtigkeit eintrete, dort, wo der Radikalismus sich breit macht oder eine egoistische Grundströmung die Menschen nur noch an sich selber denken läßt. Das alles kann geschehen, wenn das Kreuz Jesu Christi in der Mitte unseres Lebens steht und wir in allen Lagen zu dem Gekreuzigten aufschauen.

Schaut auf das Kreuz! Ein persönliches Wort zum Schluß, liebe Gemeinde! 20 Jahre lang bin ich nun mit dieser Kirche und mit der Gemeinde, die sich hier zum Gottesdienst versammelt, verbunden. Ich habe nicht gezählt, wieviel hundert Mal ich auf dieser Kanzel stehen und das Wort der Heiligen Schrift auslegen durfte, als Gemeindepfarrer zuerst, später als Stuttgarter Prälat und Stiftsprediger und in den letzten Jahren als der Bischof unserer württembergischen Kirche. Ich habe meinen Dienst der Wortverkündigung getan unter dem Bild des gekreuzigten Christus, das unübersehbar groß vom Chorbogen unserer Kirche auf uns alle niederschaut. Heute ist es das letzte Mal in meiner Dienstzeit, daß ich hier stehe. Ich habe viel zu danken für die Treue der Ungezählten, die sich in diesen Jahren hier zum Gottesdienst versammelt haben, und für das Vertrauen, das mir in langen Jahren begegnet ist. Ich will nun, am Ende eines Weges, nur noch einmal mit aller Dringlichkeit unterstreichen: Schaut auf das Kreuz! Dem Gekreuzigten und dem »Wort vom Kreuz« (1. Korinther 1,18) hat in all den Jahren mein Dienst gegolten. Dieses Wort hat mich getragen und geprägt.

Wenn in der katholischen Kirche ein Priester zum Bischof geweiht wird, ist es üblich, daß er sich ein Wappen und einen lateinischen Wappenspruch wählt, die fortan beide mit seinem Namen verbunden sind. Wenn das auch evangelischer Brauch wäre, hätte ich bei meiner Wahl zum Landesbischof ohne Zögern als Wappenspruch gewählt »Praedicamus Christum crucifixum«, »Wir aber predigen Christus, den Gekreuzigten« (1. Korinther 1,23). Und ich hätte dazu die Liedstrophe von Albert Knapp

(1798–1864), Pfarrer an der Stuttgarter Leonhardskirche und Freund Ludwig Hofackers, gestellt, die in seinem Lied »Einer ist's, an dem wir hangen ...« sowohl im bisherigen wie auch im künftigen Gesangbuch leider ausgelassen ist:

»Deine Liebe, deine Wunden,
die uns ein ewges Heil erfunden,
dein treues Herz, das für uns fleht,
wollen wir den Menschen preisen
und auf dein Kreuz so lange weisen,
bis es durch ihre Herzen geht.«
Amen.

(Abschiedspredigt als amtierender Landesbischof am Karfreitag, 1. April 1994 in der Stiftskirche Stuttgart)

Welt-bewegendes Sterben

Matthäus 27,33–54

Und als sie an die Stätte kamen mit Namen Golgatha, das heißt: Schädelstätte, gaben sie ihm Wein zu trinken mit Galle vermischt; und als er's schmeckte, wollte er nicht trinken. Als sie ihn aber gekreuzigt hatten, verteilten sie seine Kleider und warfen das Los darum. Und sie saßen da und bewachten ihn. Und oben über sein Haupt setzten sie eine Aufschrift mit der Ursache seines Todes: Dies ist Jesus, der Juden König.

Und da wurden zwei Räuber mit ihm gekreuzigt, einer zur Rechten und einer zur Linken. Die aber vorübergingen, lästerten ihn und schüttelten ihre Köpfe und sprachen: Der du den Tempel abbrichst und baust ihn auf in drei Tagen, hilf dir selber, wenn du Gottes Sohn bist, und steig herab vom Kreuz! Desgleichen spotteten auch die Hohenpriester mit den Schriftgelehrten und Ältesten und sprachen: Andern hat er geholfen und kann sich selber nicht helfen. Ist er der König von Israel, so steige er nun vom Kreuz herab. Dann wollen wir an ihn glauben. Er hat Gott vertraut; der erlöse ihn nun, wenn er Gefallen an ihm hat; denn er hat gesagt: Ich bin Gottes Sohn. Desgleichen schmähten ihn auch die Räuber, die mit ihm gekreuzigt waren.

Und von der sechsten Stunde an kam eine Finsternis über das ganze Land bis zur neunten Stunde. Und um die neunte Stunde schrie Jesus laut: Eli, Eli, lama asabtani? das heißt: Mein Gott, mein Gott, warum hast du mich verlassen? Einige aber, die da standen, als sie das hörten, sprachen sie: Der ruft nach Elia. Und sogleich lief einer von ihnen, nahm einen Schwamm und füllte ihn mit Essig und steckte ihn auf ein Rohr und gab ihm zu trinken. Die andern aber sprachen: Halt, laß sehen, ob Elia komme und ihm helfe! Aber Jesus schrie abermals laut und verschied.

Und siehe, der Vorhang im Tempel zerriß in zwei Stücke von oben an bis unten aus. Und die Erde erbebte, und die Felsen zerrissen, und die Gräber taten sich auf, und viele Leiber der entschlafenen Heiligen standen auf und gingen aus den Gräbern nach seiner Auferstehung und kamen in die heilige Stadt und erschienen vielen. Als aber der Hauptmann und die mit ihm Jesus bewachten das Erdbeben sahen und was da geschah, erschraken sie sehr und sprachen: Wahrlich, dieser ist Gottes Sohn gewesen!

Kein Sterben ist wie das andere, liebe Gemeinde. Jeder Mensch stirbt seinen eigenen Tod. Die Zwanzigjährige, die bei einem Verkehrsunfall tödlich verletzt wird, und der Neunzigjährige, dessen Lebensflamme langsam erlischt. Der Unbekannte, der sich selbst die Spritze mit einer Überdosis Heroin gesetzt hat, und der Weltbekannte, um dessen Lager Kapazitäten der Medizin versammelt sind. Die junge Mutter, die ihre kleinen Kinder zurücklassen muß, und der Wohnsitzlose, dessen Sarg niemand folgt. Der Agnostiker, der jeden geistlichen Zuspruch abwehrt, und der Gläubige, der die Trostworte der Bibel dankbar aufnimmt. Jeder Mensch stirbt seinen eigenen Tod. Kein Sterben ist wie das andere.

So verschieden das Sterben der Menschen auch geschieht: Keines ist wie dieses eine, von dem uns das Evangelium berichtet, das Sterben Jesu am Kreuz. Es hat eine andere Qualität als unser Sterben, so wie auch sein Leiden nicht einfach mit den Leiden der Menschheit in eins gesetzt werden kann. Durch Jesu Tod öffnet sich eine Dimension, die weit über das hinausreicht, was wir beim Tod eines Menschen erleben.

Das zeigen uns schon die äußeren Zeichen an, die das Sterben Jesu begleiten. Es war im wortwörtlichen Sinne ein welt-bewegender Tod, den Jesus gestorben ist: »Und die Erde erbebte, und die Felsen zerrissen, und die Gräber taten sich auf ...« Auch wenn wir nicht wissen, wie wir diese und andere Zeichen im einzelnen deuten sollen, die Matthäus uns überliefert hat, so steht doch unzweifelhaft fest: Das Sterben Jesu hat die Erde bewegt, die Natur und die Kreatur. Diese Zeichen machen deutlich, daß eine neue Stunde der Welt angebrochen ist. Und wenn hier davon gesprochen wird, daß Entschlafene aus ihren Gräbern kamen, so ist das – mitten in den Schrecken des Todes – ein Hinweis auf die Auferstehung der Toten, die mit der Auferweckung Jesu beginnen wird. Das Licht von Ostern wird genau zu der Stunde sichtbar, als am Karfreitag sich die Sonne verfinsterte.

Ja, kein Sterben ist wie dieses eine, das Sterben Jesu am Kreuz. Dabei ist dieser Tod nicht unversehens und unvorbereitet über ihn und die an seinem Tod Beteiligten hereingebrochen. Wer sich auch nur ein wenig in der Bibel auskennt, dem ist deutlich, wie stark bei den Evangelienberichten über den Tod Jesu, insbesondere bei Matthäus, das Lied vom leidenden Gottesknecht aus Jesaja 53 durchschimmert. Dort können wir lesen, wie das Geschehen des Karfreitags als »Leiden des Gerechten« gesehen und gedeutet wird: »Fürwahr, er trug unsre Krankheit und lud auf sich unsre Schmerzen ... Er ist um unsrer Missetat willen verwundet und um unsrer Sünde willen zerschlagen. Die Strafe liegt auf ihm, auf daß wir Frieden hätten, und durch seine Wunden sind wir geheilt« (Jesaja 53,4–5).

Und noch eines fällt hier auf, was das Sterben Jesu in einen großen Zusammenhang rückt. Das letzte Kreuzeswort Jesu nach der Überlieferung des Matthäus ist sein markerschütternder Todesschrei: »Mein Gott, mein Gott, warum hast du mich verlassen?« Dieser Schrei zeigt uns Jesus »in der tiefsten irdisch möglichen Einsamkeit« (Peter Stuhlmacher). Auch dieser entsetzliche Schrei ist kein »freies Gebet«, es ist der Anfang des 22. Psalms: »Mein Gott, mein Gott, warum hast du mich verlassen? Ich schreie, aber meine Hilfe ist ferne.« Jesus hat in seiner Sterbestunde das Gebet vom »Leiden des Gerechten« aus Psalm 22 gebetet und den Verzweiflungsschrei des Psalmbeters zu seinem eigenen gemacht. Und noch mehr als das: Wie ein roter Faden ziehen sich Sätze und Gedanken des 22. Psalms durch den Matthäus-Bericht vom Leiden und Sterben Jesu – ein weiterer Hinweis darauf, wie eng das Alte und das Neue Testament in unserer Bibel zusammengehören und wie sehr eines durch das andere erklärt, gedeutet und erfüllt wird.

Jesu Tod am Kreuz – ein Geschehen ohnegleichen. Ein weltbewegendes Sterben. So zeigt es uns der Evangelist Matthäus. Wir wollen jetzt seiner Schilderung folgen und uns dabei von einem Lied unseres Gesangbuches leiten lassen.

I. Du großer Schmerzensmann, vom Vater so geschlagen

Da sehen wir ihn in dem eindrucksvollen, plastischen Bericht des Matthäus, den »großen Schmerzensmann«, das »Haupt voll Blut und Wunden, voll Schmerz und voller Hohn«. Wenn wir ihn an seinem Kreuz leiden sehen, umgeben von Spöttern und Lästerern, dann ist an ihm erfüllt, was der Prophet einst über den leidenden Gottesknecht geschrieben hat: »Er war der Allerverachtetste und Unwerteste, voller Schmerzen und Krankheit« (Jesaja 53,3). Und der Psalmist reiht sich dem an: »Ich aber bin ein Wurm und kein Mensch, ein Spott der Leute und verachtet vom Volke. Alle, die mich sehen, verspotten mich, sperren das Maul auf und schütteln den Kopf« (Psalm 22,7–8).

Und da hören wir sie, die Umstehenden und Vorübergehenden, wie sie lästern und spotten, Hohe und Niedere, Fromme und Heiden, wie sie mit spitzen Zungen über den wehrlosen Mann am Kreuz herfallen, ihn voller Hohn auffordern, ein Mirakel zu veranstalten und vom Kreuz herabzusteigen, und wie sie trotz allem Spott nicht anders können, als mit ihren Lästerreden ein Bekenntnis zur Macht des Gekreuzigten abzulegen: »Andern hat er geholfen«.

Körperliche Qualen erleiden zu müssen, ist schrecklich, damals und heute. Aber noch schrecklicher sind die seelischen Qualen, die Menschen zugefügt werden. Sie verursachen nicht nur Schmerzen, sie rauben die Ehre und lassen einen einsam werden, verlassen von allen, ausgestoßen, entwürdigt. Ungezählte haben seit jenem ersten Karfreitag in Jerusalem solche Qualen erlitten, bis in unser Jahrhundert hinein. Ich nenne jetzt nur den einen Namen Auschwitz, stellvertretend für all das, was an dieser Stelle zu sagen wäre. Die Folterinstrumente unserer modernen und aufgeklärten Zeit sind ja nicht weniger brutal und erniedrigend als die einstigen: Schockbehandlung, Gehirnwäsche und was es sonst noch gibt.

Und Jesus hält das alles aus, die körperlichen und die seelischen Qualen, Folter und Häme. Er lehnt sogar den Betäubungstrank ab, den man ihm aus einem Anflug von Mitleid reicht. Bis zur Neige trinkt er den Kelch des Leidens aus, der »große Schmerzensmann«, der sein Leben dahingibt »als Lösegeld für viele« (Markus 10,45). Und auch darin erfüllt sich das prophetische Wort: »Als er gemartert ward, litt er doch willig und tat seinen Mund nicht auf wie ein Lamm, das zur Schlachtbank geführt wird« (Jesaja 53,7).

II. Ach, das hat unsre Sünd und Missetat verschuldet

»Mein Gott, mein Gott, warum hast du mich verlassen?« Dieser Verzweiflungsschrei des sterbenden Jesus geht durch Mark und Bein. Von Gott verlassen? Warum?

Zu allen Zeiten haben Menschen, über die Krankheit oder Unfall, Leiden und Tod hereinbrachen, diese Frage gestellt: Warum? Mit ihren bohrenden Fragen suchten sie dem Geheimnis von Leiden und Tod auf die Spur zu kommen. Nun gibt es daneben in Teilen der Christenheit eine Tradition, die sich solche Warum-Fragen verbietet. Manche wollen darin gar einen Ausdruck des Zweifels und ein Zeichen von Unglauben oder Auflehnung gegen Gott sehen. Mit Hinweis auf unsern Text müssen wir dieser Meinung widersprechen. Die Frage nach dem Warum kann eine durchaus legitime Frage sein, denn auch Jesus hat sie gestellt. Und er befindet sich mit dieser Frage in der Spur der Beter des Alten Testaments.

Warum? Die Antwort auf diese Frage, soweit sie Jesus betrifft, gibt die Bibel selbst. Und so lautet sie: »Fürwahr, er trug unsre Krankheit und lud auf sich unsre Schmerzen ... Aber er ist um unsrer Missetat willen verwundet und um unsrer Sünde willen zerschlagen. Die Strafe liegt auf ihm, auf daß wir Frieden hätten ...«

(Jesaja 53,4–5). Oder mit dem Liederdichter gesprochen: »Ach, das hat unsre Sünd und Missetat verschuldet.«

Unsre Krankheit, unsre Schmerzen, unsre Missetat, unsre Sünde, unsre Strafe ... In jener Geschichte auf den ersten Blättern der Bibel, die wir die Sündenfall-Geschichte nennen, ist archetypisch dargestellt, wie wir Menschen uns von Anfang an gegen Gott und seinen guten Willen gestellt haben, wie Menschen sich gegen ihn aufgelehnt haben und selbst sein wollten wie Gott. Diese Linie setzt sich fort durch die ganze Geschichte der Menschheit, diese Los-von-Gott-Bewegung, die da meint, Gott nicht mehr zu brauchen, sein Wort und seine Gebote nicht, seine Liebe und Fürsorge auch nicht. Wir alle, die wir Menschenantlitz tragen, sind in diesen Strom der Selbsterhöhung und Selbstbehauptung hineingerissen, in das, was die Bibel »Sünde« nennt, in diese Absetzbewegung von Gott, unserem Ursprung, hin zu fremden Götzen, die uns Glück, Erfolg, Karriere, Geltung versprechen und die uns bestätigen in dem, was wir ohne Gott sind oder tun.

Diesem verderblichen Strom hat sich Jesus mit seinem Leib und Leben entgegengeworfen. In seinem Leiden und Sterben hat er auf sich genommen, was wir für unsere Fehlwege, für unsere offene oder verborgene Auflehnung gegen Gottes Wort und Willen verdient haben: »Die Strafe liegt auf ihm, auf daß wir Frieden hätten« (Jesaja 53,4). So hat er durch seinen Sühnetod einen neuen Weg für uns erschlossen, den Weg zurück zu Gott. Sein Tod hat vielfältige Frucht getragen, und er tut das bis zum heutigen Tag. »Leben und Seligkeit«, wie Luther sagt, sind die Früchte des Sterbens Jesu, Vergebung und Versöhnung, Erneuerung und Heil. Uns bleibt nur, die Frucht des Todes Jesu dankbar anzunehmen und in einem Leben in seiner Nachfolge zu bewähren.

III. Dein Kampf ist unser Sieg, dein Tod ist unser Leben

Mit einem eindrücklichen Bild beschreibt Matthäus diese Frucht des Sterbens Jesu: »Und siehe, der Vorhang im Tempel zerriß in zwei Stücke von oben an bis unten aus.« Der Vorhang – Symbol der Verhüllung, Zeichen der Trennung. Im Gottesdienst des alten Israel spielte dieser Vorhang eine gewichtige Rolle. Er trennte im Jerusalemer Tempel das Allerheiligste, den Wohnraum Gottes, von den Menschen. Nur einmal im Jahr, am Großen Versöhnungstag, durfte der Hohepriester, unter Beachtung strenger ritueller Vorschriften, den Schritt ins Allerheiligste tun. Nun ist dieser Vorhang zerrissen – von oben an bis unten aus. Durch Jesu Tod haben wir sündigen Menschen neuen Zugang zu dem heiligen Gott. Nichts hindert uns mehr – seit jenem Karfreitag, dem »Großen Versöhnungstag des Neuen Testaments«, uns Gott zu nahen, zu ihm zu rufen und ihm in Freiheit und Freude zu dienen. Jesu Kampf ist unser Sieg geworden, sein Tod unser Leben.

Wie wird aber nun das, was an Jesu Kreuz geschah, unser eigen? Wie erfahren wir Vergebung, Leben, Seligkeit und Heil? Martin Luther hat in seinem Großen Katechismus eine Antwort auf diese Frage gegeben, wenn er dort sagt, daß die am Kreuz geschehene Vergebung »im Abendmahl durchs Wort vergegenwärtigt« wird. Im Wort, im freisprechenden und freimachenden Evangelium wird uns Gottes Vergebung zugesprochen und im Abendmahl durch den Empfang von Christi Leib und Blut persönlich und unverwechselbar zugeeignet. Wer dieses Wort hört und Jesu Gaben von Brot und Wein, also ihn selbst, im Glauben ins Herz faßt, hat, wie Luther sagt, dieses »Geschenk und ewigen Schatz ... Dieser Schatz ist wohl aufgetan und jedermann vor die Türe, ja sogar auf den Tisch gelegt; es gehört aber dazu, daß du ihn dir auch aneignest und ihn gewiß für das hältst, was dir die Worte angeben.«

IV. O hilf, daß wir auch uns zum Kampf und Leiden wagen

Was mit der Kreuzigung Jesu in Jerusalem vollzogen wurde, war historisch ein einmaliges Ereignis. Es hat aber zugleich eine heilsgeschichtliche Bedeutung, die bis an das Ende der Zeit reicht. Denn es ist nicht nur einmal, sondern ein für allemal geschehen (Römer 6,10; Hebräer 10,14). Von dieser Heilsbedeutung des Todes Jesu sind wir alle betroffen. Deshalb hat es Sinn, wenn wir am Karfreitag nicht nur nach rückwärts blicken; wir müssen auch nach vorne schauen. Denn Jesu Sterben am Kreuz, wie Matthäus es uns schildert, hat Konsequenzen – auch für uns.

Seine tiefe Verlassenheit will unsere menschliche Einsamkeit durchbrechen. Es gibt im Leben immer wieder Zeiten, in denen wir meinen, von Gott und den Menschen verlassen und vergessen zu sein: nirgendwo ein Zeichen menschlicher Nähe, nirgendwo ein Licht. Da kann es dann geschehen, daß die Frage nach dem »Warum« sich wie ein quälender Stachel in unser Leben bohrt. In dieser Lage dürfen wir wissen: Gerade in meiner Einsamkeit stehe ich ganz nahe bei dem einen, der so verlassen war wie niemand unter uns. Und wenn ich in seiner Nähe bin, dann ist auch seine Hilfe nahe.

Seine Leidensbereitschaft will uns im Kampf und Leiden stärken. Kampf und Leiden? Wir sind heute keine Kirche, die in Kampf und Leiden steht. Im Gegenteil, wir sind eine wohlhabende und zugleich eine wehleidige Kirche geworden. Wir protestieren, wenn unser Status quo bedroht scheint, und wir meinen zu leiden, wenn wir unser Wohlstandschristentum mit seinen vielen Privilegien gefährdet sehen. Und dabei zählen wir nach wie vor zu den reichsten Kirchen in der Welt, die sich auch nicht von ferne vergleichen dürfen mit den allermeisten, die als Christen in der weiten Welt leben, die nicht nur durch ihre äußere Armut bedrückt sind, sondern auch wegen ihres Christseins leiden, wenn wir nur an die islamisch regierten Länder denken. Stehen diese Christenmenschen heute nicht sehr viel näher bei dem Leidens- und Kreuzesweg Jesu als wir westlichen Christen? Wenn unter uns nur ein wenig mehr Bereitschaft gefunden würde zum Opfern, zum Verzichten und Loslassen, wenn wir notwendige Einschränkungen nicht gleich als Beschneidung unserer »wohlverdienten Rechte«, sondern als ein kleines Stück Verwirklichung des Weges Jesu ansehen lernten, der auf allen seinen Stationen ein Kreuzweg war, dann stünden wir wieder mehr in der Nähe dessen, der sein Leiden und seine Niedrigkeit bewußt als von Gott gewollt angesehen und angenommen hat. Vielleicht können uns die Gedenktage in diesen Wochen, die uns an das Jahr 1945 erinnern und an die Menschen, die damals echt zu leiden hatten, einen Impuls in dieser Richtung geben.

Weiter: die begleitenden Zeichen der Kreuzigung Jesu in Natur und Kreatur zeigen an, daß auch der Kosmos von diesem Sterben betroffen ist. Gott hat die Welt – den Kosmos – geliebt (Johannes 3,16), und er will, daß seine gute Schöpfung nicht den Mächten der Verheerung und Zerstörung anheimfällt, so wie das gegenwärtig unser Schicksal zu sein scheint. Die Zusammenhänge sind ja heute fast mit Händen zu greifen: Während unsere Welt immer tiefer in die Gottesfinsternis hineintreibt, der Mensch in emanzipatorischer Hybris alles selber in die Hand nimmt und die guten Ordnungen Gottes ausbeuterisch in ihr Gegenteil verkehrt, während man Jesus und seine göttliche Sendung auf eine Gestalt vorbildhafter Mitmenschlichkeit reduziert, beginnt unsere Erde sich immer weiter aufzulösen: die Ozonschicht schwindet, das Klima verfällt; Naturkatastrophen am laufenden Band sind die Folgen. Kein Weltklimagipfel, auch der gerade jetzt in Berlin stattfindende, vermag diese Entwicklung aufzuhalten, solange die Egoismen einzelner und ganzer Staaten und Industriekonzerne im Vordergrund stehen. Es ist nicht zu übersehen: Jesu Sterben hat mit dem Kosmos zu tun, und die Verdrängung seines Sühnetodes nicht weniger.

Und schließlich: Am Ende unseres biblischen Abschnitts bei Matthäus steht ein großartiges Bekenntnis zu Jesus Christus, dem Gekreuzigten. Das Bekenntnis eines Heiden, in dem schon ein Vor-Schein des kommenden Osterlichtes sichtbar wird: »Wahrlich, dieser ist Gottes Sohn gewesen!« Das Bekenntnis eines Heiden. Wir tun uns in der Christenheit heute schwer mit dem Bekennen. Die verschwommene und undurchsichtige religiöse Lage unserer Zeit scheint keine offenen Bekenntnisse zu ertragen; allzu oft werden sie als Zeichen der Intoleranz diffamiert. Und trotzdem: Christlicher Glaube lebt vom Bekennen. Gott bewahre unsere so bekenntnisschwache Christenheit davor, daß wir eines Tages das Stuttgarter Schuldbekenntnis von 1945 wiederholen müssen: »Wir klagen uns an, daß wir nicht mutiger bekannt, nicht treuer gebetet, nicht fröhlicher geglaubt und nicht brennender geliebt haben.« Der Hauptmann unter dem Kreuz könnte für uns zu einem Beispiel echten christlichen Bekennens werden: »Wahrlich, dieser ist Gottes Sohn gewesen!«

Es bleibt für mich ein unvergeßliches Erlebnis, die Einweihung des neu angelegten deutschen Soldatenfriedhofs in unserer Partnerstadt Poltawa in der Ukraine während der Karwoche 1992. Eine Stadt, in der durch Jahrzehnte hindurch bis vor kurzem die blanke Gottlosigkeit herrschte. Von den 36 Kirchen der Stadt wurden unter der sowjetischen Herrschaft 32 zerstört. Nun steht auf dem Soldatenfriedhof in der Mitte dieser Stadt ein unübersehbar großes steinernes Kreuz. An seinem Fuß trägt es, in ukrainischer und deutscher Sprache eingemeißelt, den Vers Dietrich Bonhoeffers, an dessen Tod im KZ Flossenbürg vor 50 Jahren wir in dieser Woche gedacht haben:

»Von guten Mächten wunderbar geborgen
erwarten wir getrost, was kommen mag.
Gott ist mit uns am Abend wie am Morgen
und ganz gewiß an jedem neuen Tag.«

(Predigt am Karfreitag, 14. April 1995 in der Bartholomäuskirche Ostfildern – Kemnat)

Stellvertretung

Jesaja 52,13–53,12

Siehe, meinem Knecht wird's gelingen, er wird erhöht und sehr hoch erhaben sein. Wie sich viele über ihn entsetzten, weil seine Gestalt häßlicher war als die anderer Leute und sein Aussehen als das der Menschenkinder, so wird er viele Heiden besprengen, daß auch Könige werden ihren Mund vor ihm zuhalten. Denn denen nichts davon verkündet ist, die werden es nun sehen, und die nichts davon gehört haben, die werden es merken.

Aber wer glaubt dem, was uns verkündet wurde, und wem ist der Arm des Herrn offenbart? Er schoß auf vor ihm wie ein Reis und wie eine Wurzel aus dürrem Erdreich. Er hatte keine Gestalt und Hoheit. Wir sahen ihn, aber da war keine Gestalt, die uns gefallen hätte. Er war der Allerverachtetste und Unwerteste, voller Schmerzen und Krankheit. Er war so verachtet, daß man das Angesicht vor ihm verbarg; darum haben wir ihn für nichts geachtet.

Fürwahr, er trug unsre Krankheit und lud auf sich unsre Schmerzen. Wir aber hielten ihn für den, der geplagt und von Gott geschlagen und gemartert wäre. Aber er ist um unsrer Missetat willen verwundet und um unsrer Sünde willen zerschlagen. Die Strafe liegt auf ihm, auf daß wir Frieden hätten, und durch seine Wunden sind wir geheilt. Wir gingen alle in die Irre wie Schafe, ein jeder sah auf seinen Weg. Aber der Herr warf unser aller Sünde auf ihn. Als er gemartert ward, litt er doch willig und tat seinen Mund nicht auf wie ein Lamm, das zur Schlachtbank geführt wird; und wie ein Schaf, das verstummt vor seinem Scherer, tat er seinen Mund nicht auf. Er ist aus Angst und Gericht hinweggenommen. Wer aber kann sein Geschick ermessen? Denn er ist aus dem Lande der Lebendigen weggerissen, da er für die Missetat meines Volkes geplagt war. Und man gab ihm sein Grab bei Gottlosen und bei Übeltätern, als er gestorben war, wiewohl er niemand Unrecht getan hat und kein Betrug in seinem Munde gewesen ist. So wollte ihn der Herr zerschlagen mit Krankheit.

Wenn er sein Leben zum Schuldopfer gegeben hat, wird er Nachkommen haben und in die Länge leben, und des Herrn Plan wird durch seine Hand gelingen. Weil seine Seele sich abgemüht hat, wird er das Licht schauen und die Fülle haben. Und durch seine Erkenntnis wird er, mein Knecht, der Gerechte, den Vielen Gerechtigkeit schaffen; denn er trägt ihre Sünden. Darum will ich ihm die Vielen zur Beute geben, und er soll die Starken zum Raube haben, dafür daß er sein Leben in den Tod gegeben hat und den Übeltätern gleichgerechnet ist und er die Sünde der Vielen getragen hat und für die Übeltäter gebeten.

Vor einiger Zeit fiel mir eine Zeitungsanzeige in die Augen! »Dein Weg nach oben: Wissen und Bildung«. Seit ich diesen Satz gelesen habe, frage ich mich, ob er nicht genau die Richtung anzeigt, die uns Menschen von Geburt an eingestiftet ist. Das ist doch unsere menschliche Art: immer nach oben streben, ins »Schaufenster« kommen, an die Öffentlichkeit, in die Medien! Nur ein einziges Mal seinen Namen in der Zeitung lesen! Gar noch eine Schlagzeile machen! Einmal von der Fernsehkamera gestreift werden! Etwas gelten, beachtet und geehrt sein! So sieht unser natürlicher Weg aus, der Weg nach oben.

In unserem heutigen Bibeltext wird uns ein anderer Weg gezeigt, der Weg nach unten. »Er hatte keine Gestalt und Hoheit ... Er war der Allerverachtetste und Unwerteste, voller Schmerzen und Krankheit ... Wir hielten ihn für den, der geplagt und von Gott geschlagen und gemartert wäre.« Drastischer kann man ihn nicht beschreiben, diesen Weg nach unten.

Zwei Wege: Der Weg nach oben – und der Weg nach unten. Oder anders gesagt: Der Menschen Weg – und Gottes Weg. Diesen Gottesweg, den Weg, der nach unten führt, wollen wir heute am Karfreitag mitgehen. Nicht als unbeteiligte Zuschauer, sondern als solche, die schuldhaft in diesen Weg hineinverflochten sind. Denn wir alle tragen mit Schuld daran, daß der Weg Gottes nach unten führen mußte. Wir können uns nicht distanzieren von diesem Gottesweg, den Jesus, Gottes Sohn, gegangen ist, und der bis zur untersten Station eines Menschenlebens, bis zum Tod, geführt hat.

Aber – nun rede ich hier von dem Weg des Gottessohnes, und wir haben doch einen Text aus dem Alten Testament vor uns! Ja, es ist richtig: Bei Jesaja, genauer: beim Zweiten Jesaja, ist zwar nicht die Rede von dem »Sohn Gottes«. Wir lesen dort aber von einem »Knecht Gottes«, auf den alle die Prädikate zielen, die den Weg nach unten kennzeichnen. Es gibt in der Auslegungsgeschichte dieses Liedes einen langen Meinungsstreit der Theologen, wer mit diesem Gottesknecht wohl gemeint sein könnte, der uns in Jesaja 53 vorgestellt wird. Ist es ein Einzelner – oder eine kollektive Größe? Ein Gegenwärtiger – oder ein Zukünftiger? Ist es der Prophet selbst – oder das Volk Israel? Ich meine, an keiner anderen Stelle des Alten Testaments wäre so eindeutig wie hier zu sehen, wer mit diesem Gottesknecht gemeint ist, auf den der Prophet in der Zeit der babylonischen Gefangenschaft vorausschauend deutet: Der Sohn Gottes ist der Knecht Gottes! In ihm hat sich erfüllt, was der Zweite Jesaja Jahrhunderte zuvor gesehen und gesagt hat. Sein Bild ist ein Bild des Leidens, sein Weg ist ein Weg nach unten. In ihm begegnet uns die Gestalt, die der Prophet beschreibt. So handeln wir richtig, wenn wir, wie es seit alters in der Christenheit geschieht und wie es auch Martin Luther getan hat, Jesaja 53 auf Christus hin auslegen und die Aussagen dieses alten Gottesknechtliedes an dem Weg und Werk Jesu Christi festmachen.

I. Gottes Knecht – der Verachtete

»Er schoß auf vor ihm wie ein Reis und wie eine Wurzel aus dürrem Erdreich. Er hatte keine Gestalt und Hoheit. Wir sahen ihn, aber da war keine Gestalt, die uns gefallen hätte. Er war der Allerverachtetste und Unwerteste, voller Schmerzen und Krankheit. Er war so verachtet, daß man das Angesicht vor ihm verbarg; darum haben wir ihn für nichts geachtet.« In diesen Sätzen aus dem alten Prophetenbuch sehen wir wie in einem Brennspiegel den irdischen Weg Jesu abgebildet. Wir müssen nur in den neutestamentlichen Evangelien das Bilderbuch seines Lebens aufblättern, und wir haben ihn vor uns, den Weg nach unten, den Weg des Verachtet- und Nichtverstandenseins. Von der Krippe im Stall von Bethlehem bis zur Hinrichtungsstätte vor den Toren Jerusalems führte dieser Weg. Die Frommen haben ihn ausgestoßen, die Klugen sich von ihm abgewandt, die eigenen Verwandten konnten seinen Weg nicht verstehen. So blieb Jesus im Grunde ein Außenseiter. Und Außenseiter der Gesellschaft waren auch sein täglicher Umgang. Weil er sich nicht angepaßt hat an die Gesetze der Frommen, weil er die Menschen aber auch nicht einfach bestätigt hat, wie sie waren, weil er mit seiner Botschaft und seinem ganzen Verhalten quer lag und ein Ärgernis war, deshalb stießen sie ihn aus. Und so blieb er »ein Freund der Zöllner und Sünder« (Matthäus 11,19), er, der von oben kam und dessen Weg nach unten ging. Den Menschen in der Tiefe, den Schwachen und den Armen hat er sich zugewandt, den Randsiedlern und den Verachteten, allen, die irgendwo durch die Maschen fielen und nicht beachtet wurden. Ihnen galt seine Einladung: »Kommt her zu mir, alle, die ihr mühselig und beladen seid; ich will euch erquicken« (Matthäus 11,28).

Wie fällt uns dieser Weg heute so schwer, der Weg nach unten! Horst Eberhard Richter, einer der bekannten Psychotherapeuten unserer Zeit, hat sicher recht, wenn er schreibt: »Zu den noch am wenigsten gelösten Schlüsselproblemen unserer Zivilisation gehört der Umgang mit der Schwäche, mit der Zerbrechlichkeit, mit der Endlichkeit.« Ich denke, das hat darin seinen tiefsten Grund, daß wir den Weg Gottes nach unten nicht mitgehen wollen. Alles ist in unserer heutigen Gesellschaft auf möglichst reibungsloses Funktionieren abgestellt. Worte wie »Schwäche«, »Versagen« oder »Leiden« sind in dieser auf Perfektion, Effektivität und Erfolg, auf Gesundheit und Lebensglück ausgerichteten Welt nur schwer unterzubringen. Mit dem Verlust solcher Worte und ihrer Inhalte verlieren wir aber eine wesentliche Dimension unseres Menschseins. Das Ja zum Leiden und die positiven Kräfte, die daraus entspringen, können zur inneren Formung und Vertiefung unseres Lebens mehr beitragen als jede technische Errungenschaft, deren wir uns bedienen. Das Ja zum Leiden öffnet uns zugleich zum Mitleiden und zum Mittragen an den unzähligen, nicht auszulotenden Leiden dieser Welt, die uns täglich begegnen, wenn wir nur die Tagesschau mit den Nachrichten einschalten.

Dieses Ja zur Schwachheit und zum Leiden ist aber nur wiederzugewinnen, wenn wir bereit werden, mit Jesus den Weg nach unten zu gehen, wenn wir uns von dem Irrglauben freimachen, als würde allein der Weg nach oben zu einem erfüllten Leben führen.

Spätestens seit Dietrich Bonhoeffer müßten wir wissen, daß erfüllte Wünsche noch lange kein erfülltes Leben bedeuten. Die Menschheit – auch die Christenheit – ist soviel wert, als sie Tragkraft für ihre schwächsten und verachtetsten Glieder aufbringt, für Menschen am Rand, für alle, die im Dunkeln sind, für solche, die niemand beachtet. Das hat Jesus, Gottes Knecht und Gottes Sohn, getan.

II. Gottes Knecht – der sich Opfernde

»Fürwahr, er trug unsre Krankheit und lud auf sich unsre Schmerzen. Wir hielten ihn für den, der geplagt und von Gott geschlagen und gemartert wäre. Aber er ist um unsrer Missetat willen verwundet und um unsrer Sünde willen zerschlagen. Die Strafe liegt auf ihm, auf daß wir Frieden hätten, und durch seine Wunden sind wir geheilt.« Unsre Krankheit, unsre Schmerzen, unsre Sünde – so heißt es in diesem alten Gottesknechtslied. Wer bei dem Wort »Sünde« jetzt nur an Verkehrssünder denkt, wer das Zeitwort »sündigen« nur noch gebraucht, wenn er gegen seine schlanke Linie »gesündigt« hat, der wird kaum Verständnis aufbringen für das, was hier gemeint ist.

Im Israel der alttestamentlichen Zeit wußte man etwas von dem unheimlichen Gewicht der Schuld, die einen Menschen und ein ganzes Volk zu zerstören vermag. Damals kannte man den »Sündenbock«, ein Tier, dem man symbolisch alle Schuld des Volkes auflud, das man dann in die Wüste jagte und dort dem Tode preisgab. Sünde – das ist nach dem Zeugnis der Bibel etwas anderes als die Unebenheiten und Ausrutscher im zwischenmenschlichen Verhalten, die uns reichlich und täglich unterlaufen. Es ist die tiefe Trennung von Gott, es ist die Zielverfehlung unseres Lebens. Daran sind wir Menschen krank, tiefer als wir wissen, manchesmal bis ins Psychische und Physische hinein. Diese sündige Art können wir aber nicht einfach abstreifen und auf die Seite legen, wie man am Wochenende seine gebrauchten Kleider ablegt. Sie sitzt so tief in uns, daß sie ein Stück unseres menschlichen Wesens geworden ist.

Diese Sünde des Menschen hat Gott seinem Knecht, seinem Sohn aufgeladen: »Fürwahr, er trug unsre Krankheit und lud auf sich unsre Schmerzen ... Er ist um unsrer Sünde willen zerschlagen. Die Strafe liegt auf ihm ... Der Herr warf unser aller Sünde auf ihn.« Hier stehen wir vor dem tiefen Geheimnis der Stellvertretung. Wie einen »Sündenbock« hat Gott seinen Sohn mit unserer Schuld beladen und in den Tod gehen lassen, damit wir in der Freiheit der Kinder Gottes leben können, als solche, denen vergeben ist, weil einer für sie starb. Stellvertretung!

Während eines Urlaubs habe ich in einer katholischen Kirche eine kleine Schrift entdeckt, die von Maximilian Kolbe, einem Märtyrer unserer Zeit, erzählt. Die größte Tat seines Lebens war sein Sterben: An einem Julitag 1941 sind im KZ Auschwitz drei Häftlinge entflohen. Nach dem Abendappell schreitet der Lagerführer die Reihe der angetretenen Gefangenen ab. Willkürlich benennt er zehn Opfer, die dafür mit dem Tod büßen sollen. Seine Wahl fällt auch auf einen Familienvater. Dieser fängt am ganzen Leib zu zittern an, er bittet um Gnade, denn er hat Frau und Kinder zu Hause. In diesem Augenblick tritt aus dem hinteren Glied Maximilian Kolbe vor, ein aus Polen stammender katholischer Priester, und bietet für den Verurteilten sein eigenes Leben an. Der Familienvater darf zurücktreten, Kolbe wird mit neun anderen Häftlingen in den Hungerbunker gebracht. Zwei Wochen später ist er tot, verhungert. Sein Tod schenkte einem anderen das Leben. –

Mehr als vierzig Jahre später, bei der Heiligsprechungsfeier für Pater Kolbe in Rom, trägt ein 80jähriger Mann in der Prozession die Schale mit den Hostien, mit dem Leib Christi, der für uns geopfert wurde. Es ist der Familienvater von Auschwitz, für den Maximilian Kolbe gestorben ist.

Ich weiß, daß das stellvertretende Leiden und Sterben Jesu am Kreuz mit nichts zu vergleichen ist. Und dennoch ist mir dieser Bericht von Auschwitz zu einem Gleichnis geworden. Die Ganze Menschheit, wir alle sind schuldig vor Gott. Wir haben ihm die Ehre entzogen und Menschen und Mächte als Höchstwerte verehrt. Wir sind anderen Menschen unzählige Dienste schuldig geblieben: Zuwendung, Liebe, äußere Hilfe, Zeit, Respekt. Es ist nicht zu zählen, wie oft wir versagt haben, wenn es galt, durch ein klärendes Wort oder eine barmherzige Tat unseren Mitmenschen beizustehen, den eigenen Angehörigen, den Kollegen und Nachbarn, Hilfesuchenden, Aussiedlern, Asylanten, Rechtlosen, Übersehenen. Oder: Wir haben geschwiegen, wo wir hätten Stellung beziehen sollen, und geredet, wo Schweigen besser gewesen wäre. Wir sind aus Feigheit nicht der Stimme des Gewissens gefolgt, sondern haben nur an unsern Vorteil und an die Anerkennung bei den Menschen gedacht. Wir haben vor Gott unser Leben verwirkt. Selber können wir uns nicht vergeben. Kein Mensch ist in der Lage, sich von seiner eigenen Schuld freizusprechen. Aber nun tritt Jesus vor und geht an unserer Stelle in den Tod: »Fürwahr, er trug unsre Krankheit und lud auf sich unsre Schmerzen ... Die Strafe liegt auf ihm, auf daß wir Frieden hätten, und durch seine Wunden sind wir geheilt.«

Was ich jetzt für uns als Einzelne gesagt habe, das gilt im gleichen Sinn auch für unser ganzes Volk. Wieviel Unheil und Unrecht ist in diesem Jahrhundert von deutschem Boden ausgegangen und von deutschen Menschen geschehen! Wieviel Haß wurde geschürt, wie viele haben sich durch uns bedroht gefühlt! Und was sind wir denen schuldig geblieben, die als Verfolgte und Entrechtete in unser Land gekommen sind und bis heute kommen!

Und was sich an unser Volk richtet, das muß nicht weniger auch unserer Kirche gesagt werden. Ist ihr Weg nicht oft genug gezeichnet durch ängstliches Schweigen, durch fehlende Eindeutigkeit, durch furchtsames Beharren auf gewohnten Positionen? Wie wenig Aufbruch gibt es bei uns im Glauben und zum Dienst! Auch als Volk und als Kirche leben wir davon, daß einer vor Gott für uns eintritt und uns Vergebung erwirkt. Eben das hat Jesus, Gottes Knecht, für uns alle getan:

> »Dein Kampf ist unser Sieg,
> dein Tod ist unser Leben.
> In deinen Banden ist
> die Freiheit uns gegeben.«

So beschreibt unser Gesangbuch das Werk Jesu, der sich am Kreuz für uns alle – auch für mich – geopfert hat. Wir dürfen leben, weil er für uns starb.

III. Gottes Knecht – der Erhöhte

»Weil seine Seele sich abgemüht hat, wird er das Licht schauen und die Fülle haben. Und durch seine Erkenntnis wird er, mein Knecht, der Gerechte, den Vielen Gerechtigkeit schaffen, denn er trägt ihre Sünden. Darum will ich ihm die Vielen zur Beute geben, und er soll die Starken zum Raube haben, dafür, daß er sein Leben in den Tod gegeben hat.«

Liebe Gemeinde, wir Christen können Karfreitag nicht ohne Ostern sehen. Am Kreuz hat Jesu Weg nach unten seinen tiefsten Punkt erreicht. Aber der Sohn Gottes ist nicht im Tode geblieben. Gott hat ihn aus dem Grab erhöht und ihm Anteil an seiner Herrschaft gegeben. Als der zu Gott Erhöhte hat er nun Macht, Menschen zu rufen und zu retten, sie in sein Reich zu versetzen und in seinen Dienst zu nehmen. Das tut er bis zum heutigen Tag. Er will es auch an uns tun, an jeder und an jedem unter uns. Wer von ihm Vergebung und Versöhnung empfangen hat, kann nun für andere ein Wegbereiter zur Versöhnung sein. Wer den Frieden Gottes erfahren hat, wird selbst zu einem Boten des Friedens. Wer die

Brücke betreten hat, die durch Jesu Tod über den Abgrund der Sünde geschlagen ist, soll nun ein Brückenbauer sein zu anderen Menschen, anderen Gruppen und anderen Völkern hin. Und was brauchen wir heute mehr als Christen, die für Versöhnung eintreten, die Frieden stiften, die Brücken schlagen, die andere annehmen und sie begleiten, die bereit sind zu Opfer und Verzicht, die gerade jetzt durch die offenen Türen zu den Menschen in der DDR und in andern Ländern des Ostblocks gehen, ohne gleich an sich selber zu denken, ohne den eigenen Vorteil zu suchen. Solche Menschen sind heute gefragt. Menschen, die vom Opfer Jesu leben, und die zugleich wissen, daß die Menschheit am Ende ist, wenn die Bereitschaft zum Opfern unter uns erstirbt.

Ein kleiner Hinweis zum Schluß! Im Chorgewölbe der Kilianskirche hier in Heilbronn finden wir einen Schlußstein mit einer bemerkenswerten Darstellung. Es ist ein Pelikan, offenbar eine Symbolfigur besonderer Art. Die Sage erzählt, daß in einer Zeit großer Dürre und Hungersnot ein Pelikan seine Jungen nicht mehr ernähren konnte. In der höchsten Not stieß das Tier seinen spitzen Schnabel in die eigene Brust und tränkte die Jungen mit seinem Blut. Sie wurden gerettet, er selbst verlor dabei sein Leben. In dieser Szene hat das Geschehen am Kreuz eine tiefe Deutung gefunden. Darum gilt der sich opfernde Pelikan als ein altes christliches Zeichen für den Opfertod Jesu. Jesus vergießt für uns sein Blut, er stirbt, damit wir leben können. Er trägt unsre Schuld, und wir dürfen Vergebung empfangen, Leben und Seligkeit. »Wohl uns des guten Herren!« Amen.

(Predigt am Karfreitag, 13. April 1990, in der Kilianskirche Heilbronn)

»Es ist vollbracht!«

Johannes 19,30

Als nun Jesus den Essig genommen hatte, sprach er: Es ist vollbracht! und neigte das Haupt und verschied.

»Es ist vollbracht!« – das ist nach der Überlieferung des Johannesevangeliums das letzte Wort Jesu am Kreuz. Wir wissen: Letzte Worte sind besondere Worte. Sie haben Bedeutung und Gewicht über den Augenblick hinaus. Wer schon einmal an einem Sterbebett gestanden hat, weiß das. Wie spannt man da seine ganze Aufmerksamkeit an, damit einem nur die letzten geflüsterten oder hingehauchten Worte des Sterbenden nicht entgehen. Und wie sehr kann man sich später Vorwürfe machen, wenn man nicht mehr rechtzeitig ins Krankenhaus kam. Vielleicht hätte der Verstorbene noch etwas Wichtiges zu sagen gehabt, und niemand war da, der es aufnehmen konnte.

Letzte Worte sind besondere Worte. In ihnen kommt heraus, was ein Menschenleben geprägt und bestimmt hat. Denn der Tod ist die große Demaskierung allen irdischen Lebens. Wer sein Leben an Nichtiges verschwendet hat, dessen Worte sind auch am Ende ohne Belang. Wer aber dem Wesentlichen zugewandt lebte, der kann uns etwas hinterlassen – zum Trost, als Weisung oder als ein bleibendes Vermächtnis. Wie muß es uns erschüttern, wenn wir – um nur wenige Beispiele zu nennen – das letzte Wort des römischen Kaisers Augustus, des Kaisers der Geburtsgeschichte Jesu, hören: »Habe ich meine Rolle gut gespielt? Nun, so klatscht Beifall, denn die Komödie ist zu Ende!« Und das war ein Mann, den man im alten Römerreich als Göttersohn verehrt hat! Oder die englische Königin Elisabeth I., die große Gegenspielerin Maria

Stuarts. In ihrer Sterbestunde wußte sie nichts anderes zu sagen als: »Alle meine Besitzungen für einen Augenblick Zeit!« Dieses Wort läßt uns ahnen, was es um die vergeudete und verlorene Lebenszeit ist und um die Unwiederholbarkeit jeder einzelnen gelebten Stunde.

»Es ist vollbracht!« Auch dies ist ein letztes Wort. Im griechischen Text des Neuen Testaments ist es nur ein einziges Wort, und in der aramäischen Muttersprache Jesu ebenso. Jesus hat vom Kreuz herab keine großen »Reden an sein Volk« gehalten. Von unübertrefflicher Knappheit und Klarheit waren seine Worte, so kurz und zugleich so umfassend, daß in ihnen noch einmal all das zum Ausdruck kommt, was sein Wesen, seinen Weg und sein Werk bestimmt hat. Wie in einem Brennspiegel ist in den Worten Jesu am Kreuz seine gesamte Verkündigung, ja sein ganzes irdisches Leben zusammengefaßt.

»Es ist vollbracht!« Kann und darf ein Mensch überhaupt so reden, am Ende seiner Tage, beim Überdenken seines Lebenswerkes? Können wir gerade in dieser Situation ehrlich und aus Überzeugung sagen: Es ist vollbracht, wir haben es geschafft!? In aller Regel wird uns am Ende doch sehr viel bedrückender vor Augen stehen, was nicht vollbracht werden konnte, was wir nicht geschafft haben und was nun als Fragment, unvollendet zurückbleiben muß. *Wir* werden schwerlich behaupten können: Unser Leben, unser Werk ist vollbracht! Jesus konnte es. Freilich nicht in der überlegenen Pose dessen, dem die Dinge leicht von der Hand gegangen sind. Im Gegenteil! Er sprach dieses Wort als Gekreuzigter, in einer Stunde äußerster Schwachheit, im Zerbrechen seiner letzten körperlichen und seelischen Kräfte. Nicht wie ein strahlender Sieger, den Lorbeerkranz im Haar, sondern als ein Geschlagener, als einer, der am Ende ist, eine Krone aus Dornen ins Gesicht gedrückt, spricht er: »Es ist vollbracht!«

Was wollte nun Jesus mit diesem letzten Wort am Kreuz uns und der ganzen Welt sagen? Wir wollen versuchen, ihm eine dreifache Bedeutung abzulauschen.

I. Das Ziel ist erreicht

Welches Ziel? Ich bemühe mich, das an einem Bild deutlich zu machen, wohl wissend, daß hier alle Vergleiche unzureichend bleiben. Wenn in einer unserer Großstädte beim Bau der U-Bahn ein neuer Streckenabschnitt fertiggestellt ist und für den Verkehr freigegeben wird, dann bedeutet das zugleich den Abschluß einer langen und mühsamen Arbeit des Bohrens und Grabens, des Baggerns und des Wegschaffens von Erde. Es galt ja, unter dem flutenden Großstadtverkehr, unter gefährlichen Kreuzungen und schwierigen Engpässen einen Durchstich durch das Erdreich zu machen. Wenn dieser gelungen ist, dann ist ein großes Werk vollbracht. Dann kann der Verkehr auf einer neuen Ebene frei und ohne Behinderungen dahinfließen.

So hat Jesus mit seinem Leiden und Sterben den Durchstich durch die Berge menschlicher Schuld vollendet und eine neue Ebene geschaffen, einen neuen Weg zwischen Gott und uns Menschen freigelegt. Mit seinem Tod hat er das Ziel erreicht, das ihm von seinem Vater für sein irdisches Wirken gesetzt war.

»Es ist vollbracht!« Kurz vor diesem Kreuzeswort hat Jesus in einem Gebet zu seinem Vater fast mit den gleichen Worten gesprochen: »Ich habe dich verherrlicht auf Erden und das Werk vollendet, das du mir gegeben hast, damit ich es tue« (Johannes 17,4). Anders gesagt: Durch mein Verkündigen und Segnen, durch mein Vergeben und Heilen habe ich den Menschen gezeigt, daß sie einen Vater im Himmel haben, der es gut mit ihnen meint, der nicht müde wird zu suchen, was sich verirrt hat, und zu retten, was verloren ist. Ich habe ihnen gezeigt, daß es einen Weg gibt, der herausführt aus der drohenden Zielverfehlung ihres Lebens, einen Weg ins Freie. Die durch die menschliche Schuld zerstörte Brücke zwischen Gott und den Menschen ist wieder begehbar geworden. Die Meerestiefe der Sünde, die die Menschen von Gott trennt, ist durch das Geschehen am Kreuz überbrückt. Das Werk des Brückenschlagens, die Versöhnung Gottes mit den Menschen ist vollendet. Und damit ist das Ziel meiner Sendung erreicht.

II. Der Sieg ist errungen

In der Erzählung vom Sterben Jesu deutet nichts, aber auch gar nichts auf einen Sieg hin. Im Gegenteil! Ist der Kreuzestod nicht der schimpflichste Tod, den ein Mensch erleiden kann? Und ist das langsame Ersticken nicht das qualvollste Sterben, das sich denken läßt? Ja gewiß. Es sieht hier alles nach Scheitern aus, solange wir diese Geschichte nur von außen betrachten.

Ein Ausleger unseres Textabschnitts macht darauf aufmerksam, daß das Wort »Es ist vollbracht!« wie ein Seufzer unsagbarer Erleichterung klingt. So sinkt eine Mutter in die Kissen zurück, schreibt er, wenn ihr Kind geboren ist. »Es ist vollbracht!« – mit diesem Wort richtet sich der Blick des sterbenden Jesus nicht mehr länger auf seine quälenden Schmerzen. Er erkennt mitten in der scheinbaren Niederlage den Durchbruch zum Sieg, das Licht von Ostern.

Wir können das letzte Wort Jesu am Kreuz nur recht verstehen, wenn wir es in seinen weltumspannenden Bezügen sehen. Denn es ist ein Wort, das vom Anfang und vom Ende der Welt her seine Beleuchtung erhält. »Und siehe, es war sehr gut« (1. Mose 1,31) – so lautet am Anfang unserer Bibel das Urteil Gottes über sein Schöpfungswerk. »Siehe da . . . , Gott wird bei ihnen wohnen, und sie werden sein Volk sein, und er selbst, Gott mit ihnen, wird ihr Gott sein; und Gott wird abwischen alle Tränen von ihren Augen, und der Tod wird nicht mehr sein, noch Leid noch Geschrei noch Schmerz wird mehr sein; denn das Erste ist vergangen« (Offenbarung 21,3–4) – so lesen wir auf den letzten Blättern der Bibel. *Weltschöpfung* auf der einen, *Weltvollendung* auf der anderen Seite. Und dazwischen liegen die unermeßlichen Halden der *Weltschuld*. Dazwischen liegen Kains Brudermord und die ruchlosen Morde auf unseren Straßen. Dazwischen liegt Davids Ehebruch und die Aushöhlung der göttlichen Gebote in der Gegenwart. Dazwischen liegen die Kriege in der alten Welt und die atomare Bedrohung in unseren Tagen. Dazwischen liegt die Verleugnung des Petrus und unser aller tägliches Versagen und Verleugnen. Ein Meer von Schuld hat diese Welt überschwemmt. Und wir alle sind auf irgend eine Weise mit daran beteiligt, daß dieses Meer sich immer weiter ausbreitet.

Im Blick auf diesen Ozean von Schuld, von persönlicher und von kollektiver Schuld, hat Jesus an seinem Kreuz gerufen: »Es ist vollbracht!« Damit will er sagen: In die von der Sünde verheerte und entstellte Erde ist durch mein Leiden und Sterben etwas Neues, bisher nicht Dagewesenes eingepflanzt worden, die *Weltversöhnung*.

Weil am Kreuz vor den Toren Jerusalems der einzige Sündlose sich selber als Lösegeld für die Vielen dahingab, gibt es für uns Sünder einen Weg ins Freie, den Weg, als mit Gott Versöhnte zu leben. Wir können dem verderblichen Zwang zum Sündigenmüssen entgegentreten, der Zwangsvorstellung, als müßten wir das Böse immer nur mit Bösem vergelten. Mitten im Streit der Welt wird so Versöhnung möglich. Mitten im Haß der Völker kann Friede werden. Mitten im Egoismus der einzelnen gibt es Bereitschaft zu Opfer und Dienst. Und das deshalb, weil durch die sühnende Kraft des Kreuzestodes Jesu eine Quelle neuen Lebens erschlossen wurde: Leben aus der Vergebung. »Es ist vollbracht!« – das hat Jesus über diese unsere Welt gesprochen, in der, wie einst die alten Römer sagten, einer dem andern wie ein Wolf begegnet. »Es ist vollbracht!« In der Mitte gerade dieser Welt ist etwas sichtbar, spürbar, erfahrbar geworden von dem, was am Anfang war und was am Ende sein wird: »Und siehe, es war sehr gut.« – »Siehe, ich mache alles neu!« So gehören die beiden Testamente unserer Bibel zusammen, das Alte und das Neue. Und in ihrer Mitte steht das Kreuz Jesu als das Zeichen Gottes, der im scheinbaren Unterliegen den Sieg über das Böse, über den Bösen errungen hat.

III. Der Auftrag bleibt

»Es ist vollbracht!« – *Wir* müssen es also nicht mehr vollbringen, unser Heil nicht, und auch nicht den neuen Menschen und die neue Welt. Wir brauchen uns nicht selbst zu erlösen, auf welchem religiösen Weg auch immer. Jesus Christus hat das getan durch seinen Tod am Kreuz, ein für allemal.

Wer nun auf diesen festen Grund tritt, der durch die Versöhnungstat Gottes an Jesu Kreuz gelegt wurde, wer im Glauben annimmt, was der sterbende Jesus für uns alle getan hat, der übernimmt zugleich einen Auftrag: Er (oder sie!) wird, wo immer er lebt, hinweisen auf den Ort, an dem für uns alle, als einzelne, für unser Volk und für die ganze Welt, die große Wende geschehen ist: auf das Kreuz Jesu. Und so kann es dann in der Nachfolge des Gekreuzigten unter uns kleine Zeichen des Neuen geben, der Versöhnung, die durch Jesu Tod Wirklichkeit geworden ist: Der Arm, der erhoben war, um einen anderen Menschen zu treffen, kann wieder zurücksinken. Der Brief, der seinem Empfänger den Schlaf rauben sollte, wird zerrissen in den Papierkorb fallen. Die Aktennotiz, mit der man einem Kollegen einen Denkzettel geben wollte, muß nicht mehr geschrieben werden. In Städten, die man einst durch Bomben zerstört hat, können frühere Feinde im Frieden zusammenleben. Und es ist unsere Bitte zu Gott, daß diese Kraft der Versöhnung auch die politisch und wirtschaftlich Verantwortlichen unserer Erde erreiche und sie zu einem Ende des wahnsinnigen Wettrüstens im Westen wie im Osten bewege.

»Es ist vollbracht!« – das ist Jesu Tat für uns alle. Aber es ist zugleich auch sein Auftrag an uns alle. Er hat an seinem Kreuz das Werk der Versöhnung vollbracht. Heute, am Karfreitag, bittet uns der Gekreuzigte, seine Versöhnung anzunehmen und Boten dieser Versöhnung zu werden. Gottes Werk wurde für uns alle vollbracht. Es gilt jedem einzelnen, jeder einzelnen unter uns. Gibt es nun etwas Größeres für uns, als in diesem neuen Stand zu leben und Boten der Versöhnung zu sein? Amen.

(Predigt am Karfreitag, 1. April 1983 in der Stiftskirche Stuttgart mit Direktübertragung im Süddeutschen Rundfunk)

Gottesdienstliche Gebete

Karfreitag

Eingangsgebet – 2. Korinther 5

*H*err Jesus Christus, du Heiland der Welt! Mit der ganzen Christenheit auf Erden stehen wir vor deinem Kreuz und beten dich an. Du hast durch deinen Tod die Versöhnung für alle Menschen vollbracht. Komm du nun selbst als der Gekreuzigte zu deiner Gemeinde und sprich jedem einzelnen von uns deine Vergebung zu, damit unser ganzes Wesen erneuert werde und wir eine lebendige Hoffnung gewinnen auf den Tag, an dem du als der erhöhte Herr erscheinen und dein Werk vollenden wirst.

Laß uns in dieser Stunde erkennen, was es dich gekostet hat, uns mit Gott zu versöhnen. Mach uns bereit, dir in dieser Welt als deine Nachfolger unser Kreuz nachzutragen. Amen.

Schlußgebet – 2. Korinther 5

Wir danken dir, Herr Jesus Christus, daß du am Kreuz dein Leben für uns in den Tod gegeben hast, damit wir Versöhnung und Frieden mit Gott empfangen. Hilf, daß wir deine Versöhnung annehmen und deinen Frieden gelten lassen in allen Bereichen unseres Lebens.

Mach uns bereit, selbst Zeichen der Versöhnung aufzurichten in unsern Häusern und Familien, in Betrieben und Verwaltungen, in Politik und Öffentlichkeit, überall, wo Menschen miteinander leben, wohnen und arbeiten.

Bewahre und erhalte uns und allen Völkern in der Welt den irdischen Frieden.

Laß uns als Versöhnte miteinander leben auf den Tag hin, an dem du, der Gekreuzigte und Auferstandene, wiederkommst in Herrlichkeit, um deine Herrschaft zu vollenden. Gib uns den Frieden, o Jesu! Amen.

Eingangsgebet – Lukas 23

Herr Jesus Christus, wir stehen vor dem Geheimnis deines Kreuzes. Du bist ins Leiden gegangen und hast Verlassenheit, Qual und Hohn auf dich genommen und bist am Ende gestorben, um uns Menschen mit Gott zu versöhnen. Für diese Liebe können wir dir nur aus tiefem Herzen danken.

Mach uns nun still vor dir, still zum Staunen und zu demütigem Dank, und laß uns dir begegnen, dir, der durch den Tod zum Leben ging. Amen.

Schlußgebet – Lukas 23

Herr Jesus Christus, du gabst dein Leben in den Tod. Noch im Sterben suchtest du die Verlorenen. Du gibst keinen auf, auch keinen von uns. Öffne unsre Herzen für dein Erbarmen. Laß uns erkennen, was wir an dir haben, und schließe uns auf für das Heute deiner Gnade.

Dir befehlen wir unsere Welt in ihren Nöten und Zerrissenheiten. Wehre dem Haß, der Feindschaft und der Ungerechtigkeit. Schenke Gelingen bei allen Versuchen, die auf Entspannung, Versöhnung und Frieden zielen. Steh denen bei, die besondere Verantwortung tragen in Politik und Wirtschaft, in der Erziehung und in den Medien.

Geleite deine Kirche durch diese Zeit. Erhalte sie bei deinem Wort und auf deinem Weg. Laß ihr Reden und Tun von der Kraft deines Kreuzes gezeichnet und geprägt sein.

Herr, dein Kreuz steht über uns als das Zeichen deiner Treue, als Angeld dafür, daß du niemanden verloren gibst. Öffne unsre

Augen für dein Werk, und vollende, was du angefangen hast, in deiner neuen Welt, in der dein Name geheiligt wird und dein Wille geschieht. Amen.

Schlußgebet – nach Karl Hartenstein

Wir danken dir, Herr Jesus Christus, daß du deinen Weg des Leidens bis ans Ende gegangen bist und die Erlösung für uns vollbracht hast. Laß uns nicht vergessen, was wir gesehen haben: die Bosheit unserer Herzen und unseres ganzen Menschenwesens und die Größe deiner Gnade. Laß uns nicht vergessen, was wir gehört haben: daß wir in deine Gemeinde hineingehören dürfen, die du mit deinem Leiden und Sterben erlöst, erworben und gewonnen hast für Zeit und Ewigkeit. Für uns, die wir nichts zuwege bringen, hast du alles vollbracht. Gelobt sei dein Name!

Und nun, Herr, vernimm unser Rufen, wenn wir mit unserer Fürbitte vor dich treten, stellvertretend auch für alle, die nicht beten können oder nicht mehr beten wollen. Gedenke an unsere Gemeinde, an alle ihre Glieder, besonders an die Kranken, Angefochtenen und Sterbenden. Gedenke an unsere ganze Kirche, an ihre Leitung und an alle, die in deinem Dienst stehen. Wir befehlen dir unsere Stadt (unser Dorf) und unser Volk an. Laß uns in Gerechtigkeit und Wahrheit regiert werden. Sei bei deiner Christenheit in der weiten Welt, vor allem bei denen, die um deines Namens willen Benachteiligung und Bedrückung erleiden. Gib ihnen Kraft von deinem Kreuze her, daß auch sie ihr Kreuz tragen können. Wir bitten dich, Herr, um den Frieden auf Erden unter allen Völkern. Wirke Versöhnung, wo man sich bekämpft, und stifte Frieden, wo Krieg ist.

Laß das Zeichen deines Kreuzes den Sieg behalten über unserer dunklen Welt, damit dein Name geehrt werde und dein Reich kommen kann. Amen.

Anmerkungen

1 Der nachstehende Aufsatz ist ursprünglich in der von Cilliers Breytenbach und Henning Paulsen (†) herausgegebenen Festschrift für Ferdinand Hahn zum 65. Geburtstag: Anfänge der Christologie, Göttingen 1991, 447–472, erschienen. Für den jetzigen Zweck ist er noch einmal ganz neu bearbeitet worden.

2 BSLK 511f,6.

3 Vgl. meinen Aufsatz: Zur hermeneutischen Bedeutung von 1. Kor 2,6–16, in: ThBeitr 18, 1987, 133–158.

4 Man denke z. B. an die Begegnung mit spätmittelalterlichen Darstellungen des Gekreuzigten und des sog. ›Gnadenstuhls‹ sowie die Wirkung der Bachschen Passionsmusik.

5 Vgl. zum folgenden den Exkurs »Zum Verständnis der Sühne-Vorstellung« bei Ulrich Wilckens, Der Brief an die Römer, Bd. 1, Zürich / Neukirchen ²1987, 233–243.

6 BSLK 54,3.

7 BSLK 76f,9.

8 Jörg-Dieter Reuß, Jesus und der Sühnegedanke – Überlegungen zur heutigen Problematik der Kreuzestheologie, Forum Freies Christentum, Arbeitstexte des Bundes für Freies Christentum 23, 1991, 14.

9 Jesus und der Sühnegedanke (s. Anm. 8), 16 Anm. 36.

10 A. a. O., 16 Anm. 36.

11 A. a. O., 23.

12 In dem vor allem von Walter Kasper verfaßten »Katholischen Erwachsenen-Katechismus«, den die Deutsche Bischofskonferenz 1985 herausgegeben hat, heißt es (auf S. 354): »Die Eucharistie ist … kein neues und kein eigenständiges Opfer, welches das Kreuzesopfer ersetzt oder auch nur ergänzt. Sie ist die sakramentale Gegenwärtigsetzung des ein für allemal geschehenen Opfers am Kreuz.«

13 Vgl. z. B. Ferdinand Hahn, Das Verständnis des Opfers im Neuen Testa-

ment, in: ders., Exegetische Beiträge zum ökumenischen Gespräch. Ges. Aufs. 1, Göttingen 1986, 295–302 (262–302).

14 Rudolf Bohren, Predigtlehre, München 1974, 173–176.

15 Friedrich Mildenberger, Kleine Predigtlehre, Stuttgart 1984, 64–75.

16 Rudolf Bohren, Predigtlehre (s. Anm. 14), 176.

17 1995 ist die »wiederum überarbeitete und erweiterte« 11. Auflage erschienen.

18 Vgl. den Literaturbericht von Herbert Haag, Der Gottesknecht bei Deuterojesaja, Darmstadt 1985, 66–78.

19 So z. B. Conzelmann-Lindemann in ihrem eben genannten Arbeitsbuch, Tübingen [11]1995, 486.

20 Josef Blinzler, Der Prozeß Jesu, Regensburg [4]1969.

21 August Strobel, Die Stunde der Wahrheit. Untersuchungen zum Strafverfahren gegen Jesus, Tübingen 1980; die folgenden Angaben stammen aus seiner Darstellung.

22 Zum Verständnis der Tempelreinigung ist nunmehr die Untersuchung von Jostein Ådna grundlegend: Jesu Kritik am Tempel. Eine Untersuchung zum Verlauf und Sinn der sogenannten Tempelreinigung Jesu, Markus 11,15–17 und Parallelen, Tübingen / Stavanger 1993 (Masch.).

23 Vgl. Strobel, a. a. O., 92–94, und meinen Aufsatz: Der messianische Gottesknecht, JBTh 8, 1993, 131–154.

24 Vgl. Nils Alstrup Dahl, Der gekreuzigte Messias, in: Helmut Ristow und Karl Matthiae (Hg.), Der historische Jesus und der kerygmatische Christus, Berlin [2]1962, 149–169.

25 Vgl. Martin Hengel: Jesus, der Messias Israels. Zum Streit über das ›messianische Sendungsbewußtsein‹ Jesu, in: Ithamar Gruenwald, Shaul Shaked und Gedaliahu G. Stroumsa (Hg.), Messiah and Christos. Studies in the Jewish Origins of Christianity, Presented to David Flusser on the Occasion of His Seventy-Fifth Birthday, Tübingen, 1992, 165–170 (155–176).

26 Vgl. Rolf Knierim, Artikel: 'ašam, in: THAT 1, 251–257, und Bernd Janowski, Er trug unsere Sünden. Jesaja 53 und die Dramatik der Stellvertretung, ZThK 90, 1993, 15–20 (1–24).

27 Zur Analyse dieses Jesuswortes vgl. meinen Aufsatz: Existenzstellvertretung für die Vielen: Mk 10,45 (Mt 20,28), in: Peter Stuhlmacher, Versöhnung, Gesetz und Gerechtigkeit, Göttingen 1981, 27–42.

28 Vgl. Wilfrid Haubeck, Loskauf durch Christus, Gießen / Basel / Witten 1985, 241–242.

29 Bernd Janowski, Auslösung des verwirkten Lebens. Zur Geschichte und Struktur der biblischen Lösegeldvorstellung, in: ders., Gottes Gegenwart in Israel, Neukirchen 1993, 5–39.

30 A. a. O., 14; kursiv bei Janowski.

31 Vgl. zu dieser Deutung Jostein Ådna, Jesu Kritik am Tempel (s. Anm. 22), 481–497.

32 Adolf Schlatter, Der Evangelist Matthäus, Stuttgart [6]1963, 784.

33 Zum Verständnis des Herrenmahls und der auf Jesus selbst zurückgehenden Stiftungsworte vgl. Joachim Jeremias, Die Abendmahlsworte Jesu, Göttingen [4]1967; Rudolf Pesch, Das Abendmahl und Jesu Todesverständnis, Freiburg/Basel/Wien 1978; Peter Stuhlmacher, Biblische Theologie des Neuen Testaments, Bd. 1, Göttingen 1992, 130–143; Otfried Hofius, Herrenmahl und Herrenmahlsparadosis, in: ders., Paulusstudien, Tübingen 1989, 203–240.

34 Jesus und der Sühnegedanke (s. Anm. 8), 6–9.

35 Hartmut Gese, Die Sühne, in: ders., Zur biblischen Theologie, Tübingen [2]1983, 98.

36 A. a. O., 104.

37 Vgl. Janowski, Er trug unsere Sünden (s. Anm. 26), 19–20.

38 Vgl. Gese, Die Sühne (s. Anm. 35), 95–97.

39 So z. B. Gerhard Friedrich, Die Verkündigung des Todes Jesu im Neuen Testament, Neukirchen 1982, 77–81, oder Gerhard Barth, Der Tod Jesu Christi im Verständnis des Neuen Testaments, Neukirchen 1992, 7–37.

40 Joachim Jeremias, Neutestamentliche Theologie. Erster Teil: Die Verkündigung Jesu, Gütersloh [4]1988, 263–284.

41 Leonhard Goppelt, Theologie des Neuen Testaments. Erster Teil: Jesu Wirken in seiner theologischen Bedeutung, hg. von Jürgen Roloff, Göttingen [3]1978, 243–247.

42 Werner Grimm, Die Verkündigung Jesu und Deuterojesaja, Frankfurt [2]1981, 231–277.

43 Rudolf Pesch, Das Abendmahl und Jesu Todesverständnis (s. Anm. 33).

44 Vgl. Ernst Käsemann, Die Gegenwart des Gekreuzigten, in: ders., Kirchliche Konflikte 1, Göttingen 1982, 80–83 (76–91).

45 Vgl. Peter Stuhlmacher, Biblische Theologie des Neuen Testaments, Bd. 1 (s. Anm. 33), 140.

46 Vgl. Helmut Merklein, Jesu Botschaft von der Gottesherrschaft, Stuttgart 1983, 136; ders., Der Sühnetod Jesu nach dem Zeugnis des Neuen Testaments, in: Hanspeter Heinz, Klaus Kienzler, Jakob J. Petuchowski (Hg.), Versöhnung in der jüdischen und christlichen Liturgie, Freiburg / Basel / Wien 1990, 159–161 (155–183).

47 Roland de Vaux, Das Alte Testament und seine Lebensordnungen, Bd. 2, Freiburg i. Br. 1962, 308.

48 Vgl. den Bericht des Josephus über die Steinigung des Herrenbruders in Ant

20, 199–200 (und dazu August Strobel, Die Stunde der Wahrheit [s. Anm. 21] 31–36).

49 Vgl. meinen Aufsatz: Zur neueren Exegese von Röm 3,24–26, in: ders., Versöhnung, Gesetz und Gerechtigkeit (s. Anm. 27), 123–124 (117–135).

50 Vgl. Martin Hengel, Die johanneische Frage, Tübingen 1993, 300.

51 Anders urteilt z. B. Gerhard Friedrich, Die Verkündigung des Todes Jesu im Neuen Testament, (s. Anm. 39), 143–155; auch Gerhard Barth, Der Tod Jesu Christi im Verständnis des Neuen Testaments (s. Anm. 39), 68–71, weist darauf hin, daß die Denkvoraussetzungen, die in neutestamentlicher Zeit den Sühnegedanken noch plausibel erscheinen ließen, heute nicht mehr ohne weiteres gegeben sind.

52 Näheres dazu bei David Ellenson, Opfer und Versöhnung in der Liturgie der deutsch-jüdischen Orthodoxie, in: Versöhnung in der jüdischen und christlichen Liturgie (s. Anm. 46), 117–132. Vgl. außerdem Johann Maier, Sühne und Vergebung in der jüdischen Liturgie, JBTh 9, 1994, 145–171.

53 Zitiert nach Walter Beyerlin (Hg.), Religionsgeschichtliches Textbuch zum Alten Testament, Göttingen ²1985, 122.

54 Roland de Vaux, Das Alte Testament und seine Lebensordnungen, Bd. 2. (s. Anm. 47), 301–302; kursiv bei de Vaux.

55 Gerhard von Rad, Theologie des Alten Testaments, Bd. 1, München ¹⁰1992, 266–267.

56 Ludwig Köhler, Theologie des Alten Testaments, Tübingen ³1953, 188.

57 Klaus Koch, Sühne und Sündenvergebung um die Wende von der exilischen zur nachexilischen Zeit, in: ders., Spuren des hebräischen Denkens, Ges. Aufs. 1, hg. von Bernd Janowski und Martin Krause, Neukirchen 1991, 184–205.

58 Hartmut Gese, Die Sühne (s. Anm. 35).

59 Bernd Janowski, Sühne als Heilsgeschehen, Neukirchen 1982.

60 Vorrede zum 1. Band der Wittenberger Ausgabe der deutschen Schriften Luthers von 1539, WA 50, 659, 5–7 (657–661).

61 BSLK 767,1.

62 Vgl. Eberhard Jüngel, Das Opfer Christi als Sacramentum und Exemplum, in: Heino Falcke, Martin Onnasch, Harald Schultze (Hg.), Als Boten des gekreuzigten Herrn. Festgabe für Bischof Werner Krusche zum 65. Geburtstag, Berlin 1982, 25–46.

63 Gerhard Ebeling, Dogmatik des christlichen Glaubens, Bd. 2, Tübingen ³1989, 148.

64 Vgl. z. B. Rudolf Bultmann, Das Verhältnis der urchristlichen Christusbotschaft zum historischen Jesus, in: ders., Exegetica, hg. von Erich Dinkler, Tübingen 1967, 452f (445–469).

65 Vgl. Joachim Jeremias, Artikel: »Ἠλ(ε)ίας«, THWNT 2, 937,27–32 (930–943).

66 Vgl. Anton Dauer, Die Passionsgeschichte im Johannesevangelium, München 1972, 212–213.

67 Vgl. Martin Hengel, Die Schriftauslegung des 4. Evangeliums auf dem Hintergrund der urchristlichen Exegese, JBTh 4, 1989, 284–285 (249–288).

68 Es ist ein theologisch verhängnisvoller Denkfehler, wenn Jörg-Dieter Reuß in der Deutung des Leidensweges Jesu von Ps 22; 69; 118,22 und Jes 53 her nur einen nachösterlichen »Rückfall« bzw. »eine schwerwiegende Überfremdung der Botschaft Jesu« sehen will, die sich schon die Jerusalemer Urgemeinde hat zu Schulden kommen lassen (Jesus und der Sühnegedanke [s. Anm. 8], 20). Als hätte nicht schon Jesus selbst in und mit den Psalmen und Propheten gelebt, das erste Gebot aufgerichtet und das Endgericht angekündigt!

69 Vgl. Ingo Dalferth, Die soteriologische Relevanz der Kategorie des Opfers. Dogmatische Erwägungen im Anschluß an die gegenwärtige exegetische Diskussion, JBTh 6, 1991, 177–178 (173–194). Von Dalferths Schlußsätzen her kann allerdings das sich vor Gottes Richterthron abspielende endzeitliche Rechtsgeschehen der Rechtfertigung der Gottlosen um Christi und seiner Fürsprache willen (vgl. Röm 8,34) weder mehr im biblisch-paulinischen noch reformatorischen Sinne gedacht werden. Dalferth schreibt: »Christus ist also nicht extern auf uns bezogen als unser Stellvertreter in einem Transaktionsgeschehen zwischen Mensch und Gott. Er ist der Mittler, der in seiner eigenen Person uns vor Gott und Gott vor uns bringt und so zugleich der Ort der Gegenwart Gottes bei uns und Ort unserer Gegenwart bei Gott ist. Die Heilsbedeutung seines Todes hat daher nichts mit einem Werk zu tun, das er vollbracht hat und von dessen Verdienst wir profitieren. Nicht in dem, was er getan hat (Werk), sondern in dem, was er ist (Person), liegt unser Heil« (a. a. O., 194). Angesichts der biblischen und reformatorischen Rechtfertigungstradition können diese Sätze nicht das letzte Wort in der Debatte um die soteriologische Relevanz des christologischen Opfergedankens sein.

70 Auf die Pluralität der Metaphern hebt vor allem Gerhard Barth ab in seiner Studie: Der Tod Jesu Christi im Verständnis des Neuen Testaments (s. Anm. 39), doch sieht auch er sie sachlich eng miteinander verbunden und wehrt sich expressis verbis dagegen, daß der Theologe sich aus dieser Mehrzahl von Deutungen des Todes einfach »diejenige aussuchen sollte, die ihm zufällig am besten paßt und einleuchtet« (a. a. O., 159–160).

71 Kleine Predigtlehre (s. Anm. 15), 64. Zum Ostergeschehen vgl. meine Biblische Theologie des Neuen Testaments, Bd. 1 (s. Anm. 33), 162–179,

und zur Osterpredigt meinen Aufsatz: Die Auferweckung Jesu und die Auferweckung der Toten, PTh 84, 1995, 72–88.

72 Oswald Bayer, Das Wort vom Kreuz, in: ders., Autorität und Kritik, Tübingen 1991, 122 (117–124); kursiv bei Bayer.

73 Die Grotte liegt im griechisch-orthodoxen Teil der Grabeskirche und ist leider nicht öffentlich zugänglich. Ihre Lage läßt sich aber bequem aus dem Längs- und Querschnitt durch den Golgatha-Felsen bei Gerhard Kroll, Auf den Spuren Jesu, Stuttgart [10]1989, 484–485, Abb. 268, ersehen. Zur Verwendung der Grotte als Kultort vgl. Rainer Riesner, Artikel: Golgatha, GBL 1, 480 (480–482).

74 Gisela Kittels Aufsatz findet sich in JBTh 9, 1994, 285–313. Wie sie das Karfreitagsgeschehen beurteilt, ergibt sich aus ihrem Buch: Der Name über alle Namen II, Biblische Theologie / NT, Göttingen 1990, 47–87.

75 Vgl. Ingo Baldermann, Einführung in die Bibel, [4]1993, 20–29.

76 A. a. O., 290.

77 Vgl. Markus Jenny: (Luthers) Gesangbuchvorreden, Lieder, Gebete 1523–1545, in: Martin Luther. Ausgewählte Schriften, hg. von Karin Bornkamm und Gerhard Ebeling, Bd. 5, Frankfurt a. M. [2]1983, 297 (222–285. 293–305).

78 Jörg-Dieter Reuß, Jesus und der Sühnegedanke (s. Anm. 8), 25, deutet das Kreuz Christi bezeichnenderweise nur moralisch: »Im Hinsehen auf Kreuz und Auferstehung Jesu wächst uns die Fähigkeit zu, nicht zu verzweifeln, wenn wir mit unseren guten Absichten auf unüberwindlichen Widerstand stoßen oder schließlich gar Schiffbruch erleiden. Es mag sein, daß hochmögende oder niederträchtige Gegner eine Zeitlang die Oberhand zu behalten scheinen. Am Ende wird sich doch die Wahrheit durchsetzen. Da sorgt schon Gott dafür. So wird im Glauben an die Auferstehung des Gekreuzigten möglich, was man ›getrostes Scheitern‹ nennen könnte.«

Predigtbände in der calwer taschenbibliothek

Manfred Seitz
Ich hoffe auf dein Wort
Predigten und Ansprachen.
Hg. von Rudolf Landau
ctb 33. 224 Seiten
ISBN 3–7668–3218–2

Die Predigten des Erlanger Professors für Praktische Theologie und Universitätspredigers zeigen, wie lebendig und überzeugend christliche Wortverkündigung auch heute noch sein kann. Sie sind lehrreich, ohne zu belehren, wortgetreu, ohne beim Predigttext stehenzubleiben, vor allem aber sind sie – im besten Sinne des Wortes – seelsorgerlich. Die Auswahl bietet neben Predigten zu Sonn- und Feiertagen auch einige Ansprachen zu Beerdigungen, z. B. die Ansprache zur Beerdigung Gerhard von Rads.

Manfred Seitz, Dr. theol., geb. 1928, ist Professor für Praktische Theologie an der Universität Erlangen-Nürnberg.

Werner Krusche
Und Gott redete mit seinem Volk
Predigten aus den 80er Jahren.
Hg. von Rudolf Landau
ctb 17. 196 Seiten
ISBN 3–7668–3084–8

Die 24 Predigten und Bibelarbeiten versammeln überzeugende Beispiele verantwortlicher Wortverkündigung in der ehemaligen DDR und behandeln Texte aus den Predigtreihen I–V. Wer sie jetzt nach der »Wende« liest, wird merken, daß das Wort Gottes sein Volk in jeder Situation gleichermaßen trifft, denn vor aller politischen und gesellschaftlichen Orientierung ist es dem Christen aufgegeben, den Weg des Glaubensgehorsams zu gehen. So wie Abraham muß er sich aufmachen, um den Weisungen des *einen* Herrn zu folgen.

Werner Krusche, geb. 1917, war von 1968 bis 1983 Bischof der Kirchenprovinz Sachsen.

Weitere Bücher aus der calwer taschenbibliothek

ctb 1
Claus Westermann
Die Joseph-Erzählung
Elf Bibelarbeiten zu
Genesis 37–50
108 S. ISBN 3–7668–3058–9

ctb 2
Roland Gradwohl
Was ist der Talmud?
Einführung in die
»Mündliche Tradition« Israels
80 Seiten, 8 Abbildungen
ISBN 3–7668–3038–4

ctb 7
Oswald Bayer
Aus Glauben leben
Über Rechtfertigung
und Heiligung
100 S. ISBN 3–7668–3067–8

ctb 13
Peter Kliemann
Glauben ist menschlich
Argumente für die Torheit
vom gekreuzigten Gott
268 S. ISBN 3–7668–3026–0

ctb 18
Martin Brecht
Luther als Schriftsteller
Zeugnisse seines
dichterischen Gestaltens
128 S. ISBN 3–7668–3076–7

ctb 19
Hans-Christoph Schmidt-Lauber
Die Zukunft des Gottesdienstes
Von der Notwendigkeit
lebendiger Liturgie
480 S. ISBN 3–7668–3086–4

ctb 21
Roland Gradwohl
Hasse nicht in deinem Herzen
Grundgesetze des Judentums
158 S. ISBN 3–7668–3126–7

ctb 25
Walter Leopold
Immer wieder sonntags
Treffpunkte mit Gott
112 S. ISBN 3–7668–3140–2

ctb 28
Markus Hartenstein (Hg.)
Ich habe deine Tränen gesehen
Fragen zum Leiden
und Sterben
74 S. ISBN 3–7668–3171–2

ctb 30
Ilse Hilzinger
Zu zweit sind wir stärker
Eine Anleitung zum
seelsorgerlichen Gespräch
120 S. ISBN 3–7668–3180–1

ctb 34
Roland Gradwohl
Frag den Rabbi
Streiflichter zum Judentum
130 S. ISBN 3–7668–3292–1